사회적 실험과 도덕

인문고전 세미나 — 5

사회적 실험과 도덕

성 창 원

이 찬

송 효 종

윤 인 진

신 은 경

조 재 룡

송 혁 기

KU PRESS
고려대학교
출판문화원

이 저술은 한국연구재단이 후원하는 고려대학교 대학혁신지원사업의 지원을 받아 이루어졌음

머리말

2019년부터 2025년 2월까지 진행되었던 고려대학교 문과대학 대학혁신지원사업에서는 고려대학교 및 우리 사회 구성원의 인문역량 강화를 위한 다양한 교육프로그램들이 기획, 운영되었다. 전통적인 인문학 교육의 틀에 기초하는 동시에 근래의 다양한 사회적 변화를 고려함으로써, 인문학 본연의 의의를 되짚어 보고 인문 교육에 대한 새로운 접근을 모색해 보는 것이 지난 6년 동안 추진되었던 본 사업의 핵심이었다.

가속화되는 디지털 전환의 움직임과 맞물린 교육 환경의 변화 안에서, 고려대학교 문과대학 대학혁신지원사업단이 추구했던 것은 인류의 공존에 필수적인 공감능력의 확산과 명철하면서도 반성적인 성찰능력의 함양이었다. 인문학이 탐구하고 제안했던 또 지금도 계속해서 제시하는 인간과 사회에 대한 비평적인 시각들은 여전히 유효한 교육의 토대인 동시에, 축적된 지식을 생산적으로 활용하고 변용시킬 수 있는 비판적인 창의력 계발의 출발점이기도 했다.

이러한 취지에서 시작된 것이 바로 고려대학교 문과대학 온라인 인문 교육 콘텐츠 '고성방가(高省芳歌)'였다. 고려대학교 문과대학 교수들이 참여해 다양한 학문 분야의 고전들을 다각도적으로 조망한 50분 내외의 온라인 강연들은, '고성방가'라는 콘텐츠 제명에서부터 짐작되듯, 학생들뿐만 아니라 사회 구성원들에게 인문 고전에 대한 '깊은 성찰의 흔적들'을 그려 보이고, 거기서 과거와 현재를 아우르고 미래에도 유지될 수 있는 '아름다운 울림'을 전하고자 했던 '독창적'인 프로그램이었다.

그러나 이러한 '독창성'이 무(無)에서 유(有)를 창조하는 것이나 전적으로 유일무이한 새로운 것의 창안을 의미한 것은 아니라는 점도 여기서 짚어 둘 필요는 있겠다. 우리가 의도했던 '독창성'은 기존의 익숙한 시선에서 벗어나 사물과 사안들의 간과했던 부분을 다시 주시하려는 노력이자 개선의 의지였다. '고성방가'의 기저에는 4차 산업혁명 시대에 태어나 과거의 기성세대와는 다른 시대를 살아갈 수밖에 없는 젊은 세대를 위한, 그리고 코로나19가 야기한 팬데믹으로 인해 강제된 기존 대학교육의 패러다임 전환을 위한 모색이 존재했다.

'인문고전 세미나 총서'는 온라인 교육 콘텐츠 '고성방가'와 한 쌍을 이루는 오프라인 강의록이며, 디지털 네이티브 세대들에게 과거의 아날로그적인 방식의 장점과 가치를 전하고자 했던 시도였다. 물질적인 한 권의 책으로 만들어진 '인문고전 세미나 총서'에서는 온라인 강의에서 미처 다루지 못했던 내용들을 소개하고, 천천히 자신의 속도에 맞게 내용을 곱씹어 보는 계기를 만들고자 했다. 아울러 저마다의 열의와 노력을 통해 고전의 다양한 깊이를 맛볼 수 있는 더 읽어볼 거리 등을 제공해 주고, 관련되는 여러 인문 고전들의 독서와 성찰을 유도하여 자기주도적 인문학 학습의 기반을 제공해 주고자 했다.

2025년 2월 현재까지 '고성방가'는 총 56편이 제작되었고 여기에 참여했던 강연자 17명의 글을 주제별로 모아 지난해까지 '인문고전 세미나 총서' 세 권을 기획해 출판한 바 있다. 기존에 출판된 제1권《재난과 위기의 시대》, 제2권《사랑과 불륜의 문화사》, 제3권《혁명과 시대정신》이라는 주제는 해당 문제가 동시대의 가장 첨예한 화두이자 인류의 가장 오랜 고민이기도 하다는 점에서 정해진 것이었다.

올해에는 2022년과 2023년 '고성방가'에 참여했던 강연자 14명의 글을 모아 두 권의 총서를 기획했다. 그중 제5권은 '사회적 실험과 도덕'이라는 주제를 다룬다. 그리스의 철학자 아리스토텔레스가 말한 것처럼 인간은 정치적 동물이다. 여기서 이야기하고 있는 '정치적'이라는 말의 뜻은 권력을 차지하기 위해 권모술수에 능하다는 의미가 아니다. 인간은 사회적 존재로서 공동체를 이루며, 그 안에서 자신의 자아를 실현하는 동시에, 공동의 이익을 실현하기 위해 노력한다는 의미이다. 인간은 무엇이 옳은지, 어떻게 하면 좋은 사회를 만들 수 있는지 등에 대한 다양한 사회적 실험을 통해 공동체를 발전시키며 성장해 왔다. 앞으로도 이러한 실험은 계속될 것이다. 그 과정을 기록한 여러 인문 고전들은 앞으로 우리가 당면할 도전과, 그것을 해결할 수 있는 실마리를 제공해 줄 수 있다.

제5권《사회적 실험과 도덕》은 총 7편의 글로 구성되어 있다. 첫 번째 글은 롤스의《정의론》을 통해 분배정의와 평등주의, 그리고 우리 사회가 가진 평등의 가치에 대해서 다시 한번 생각해 볼 수 있는 기회를 제공한다. 두 번째 글에서는 중국 춘추전국시대를 살았던 순자의 사상과 배경, 그리고 그가 지향한 사회상을 살펴보며 고전이 주는 통찰을 경험한다. 계몽주의와 사회계약론이 등장했던 18세기 중반에 출간된 베카리아의《범죄와 형벌》을 다룬 세 번째 글은 통치자가 이성적이고 합리적인 법적 절차에 따라 형벌을 집행할 때 범죄를 효과적으로 통제하고 예방할 수 있다고 말하고 있다. 그런 점에서 최근 여러 사회문제가 발생하고 있는 한국사회에 시사하는 바가 크다. 네 번째 글은 라인홀드 니부어의《도적적 인간과 비도덕적 사회》를 통해 집단행동에 내재된 비도덕성에 대해서 성찰하고, 이를 극복할 수 있는 방안에 대해 모색한다. 다섯 번째 글은 사회학의 대표적인 고전 중 하나인 뒤르켐의《사회분업론》에 대해서 다룬다. 뒤르켐은 혼란한 유럽의 격변기를 겪으며, 이와 같은 극도의 혼란 속에서 어떻게 사회가 유지될 수 있는지, 인간의 노동과 분업을 통한 연대를 통해 이해하고자 한다. 다섯 번째 글은 기존에 우리가 알고 있던 시에 대한 고정관념을 파괴한 레몽 크노의《문체 연습》을 통해 언어와 문체의 변화무쌍함에 대해서 재인식하게 한다. 마지막 글은 사마천의《사기》를 다룬다. 사마천의《사기》를 읽어야 할 여섯 가지 이유를 통해, 우리가 오늘을 읽고 내일을 준비할 수 있는 계기를 마련해 주고 있다.

'인문고전 세미나 총서'는 원전인 일차 텍스트에 의해 투사된 그림자를 닮은 이차 텍스트이다. 빛과 그림자가 공존하듯, 이차 텍스트는 일차 텍스트 없이는 존재할 수 없다. 하지만 그림자인 이차 텍스트는 일차 텍스트의 쉽게 드러나지 않거나 간과하기 쉬운 혹은 감추어진 다양한 면면들을 보여주곤 한다는 점에서 의미심장하다. '인문고전 세미나 총서'가 끊임없이 새로운 일차 텍스트들로 향하는 문을 열어주기를, 그리고 늘 해당 원전과 다양한 이차 텍스트들을 이어주는 가교가 되기를 희망한다. 마지막으로 '인문고전 세미나 총서'가 다양한 시대에 집필된 인문 고전을 통해 오늘날 우리가 발 딛고 서있는 사회와 우리 삶에 대해 사유할 수 있는 기회를 열어줄 것이라 다시 한번 기대해 본다.

끝으로 고려대학교 문과대학 대학혁신지원사업 운영과 총서 간행에 많은 도움을 주신 분들께 깊이 감사드린다. 학장님을 비롯해 실제 강의에 참여해 주신 여러 교수님과 강사님들, 그리고 아름다운 책을 만드는 데 힘써 주신 고려대학교출판문화원 관계자분들께 감사의 마음을 전한다. 특히 이 사업을 위해 물심양면 애써주신 진수인 선생님, 연구교수로 수고해 주신 김정숙, 류정훈, 김태희, 김윤지 선생님께 깊은 감사의 뜻을 전한다. 아울러, 인문역량강화 기획집행위원회에서 수고해 주신 문과대학 교수님들께도 특별한 인사를 전한다.

2025년 2월

김수한·박정민

차례

정의론

롤스의 철학을 통해 살펴보는 정의의 문제들

성창원

| 이 글의 2장과 3장은 《인간 사랑과 협동, 그 길을 묻다》(우암교육사상연구소 편, 행복에너지, 2022)에 실린 필자의 글 〈정의로운 사회란 무엇인가〉의 일부를 수정한 것이다.

1 롤스의 《정의론》 소개

1921년에 태어나 2002년에 타계한 존 롤스는 그의 저서 《정의론》으로 잘 알려져 있다. 그는 하버드대학 철학과에서 오랫동안 교육과 연구를 진행했으며, 일반적으로 영미권에서 가장 영향력 있는 정치철학자로 인정받고 있다. 그는 1971년에 《정의론》을 출간하였고, 그곳에 나타난 자신의 입장을 수정하여 1993년 《정치적 자유주의》를 출간하였다. 1999년에는 《만민법》이라는 저서에서 '글로벌 저스티스(Global Justice)', 즉 지구적 정의에 관한 자신의 견해를 제시하였다.

롤스의 정의론은 분배정의에 관한 철학자들의 관심을 증폭시켰고, 이에 따라 지난 수십 년간 다양한 형태의 이론이 제시될 수 있었다. 롤스의 정의론은 또한 우리가 평등의 가치를 반성해 볼 수 있는 기회도 제공하였다. 분배정의론과 평등주의에 관해서는 글의 후반부에서 자세히 다룰 예정이다.

롤스의 정의론을 이해하기 위해 먼저 그가 사회를 어떻게 바라보는지 파악할 필요가 있다. 롤스에 따르면 사회는 "상호 이득을 위한 협력적인 집합"이다. 사람들은 사회 속에서 살아가면서 각자에게 '좋은 것'을 추구한다. 우리는 이것을 자신이 원하는 '개인적 가치'의 실현이라고도 표현할 수 있다. 더 넓은 의미에서 보면, 우리는 사회 속에서 각자 자신이 원하는 "좋은 삶"을 추구하려고 하는 것이다. 그러므로 롤스에 따르면, 우리가 살아가고 있는 사회는 그렇게 개인적인 가치를 잘 실현할 수 있게 해주는 가장 공정한 체계가 되어야 한다. 바로 이것이 그가 이해하는 사회, 즉 상호 이득을 위한 협력적인 집합의 의미이다. 롤스는 이런 협력 체계를 사회의 "기본구조"라고 부르면서, 자신의 정의원칙은 바로 이를 규정한다고 말한다.

다음으로 롤스는 "사회적 기본재화"라는 고유한 용어를 사용한다. 그는 사회적 기본재화에는 시민으로서의 기본적인 자유, 정치경제 제도에서 누리는 힘과 권한, 경제적인 재화 및 수입, 그리고 자존감의 사회적 기초 등이 있다고 말한다. 이런 재화는 결국 어떤 가치들, 혹은 좋은 것이라고 할 수 있는데, 롤스의 생각은 각 개인이 자신만의 구체적인 좋은 삶을 실현하기 위해서는 반드시 이런 재화들을 가지고 있어야 한다는 것이다. 바로 이런 의미에서 롤스가 말하는 사회적 재화는 가장 '기본적인' 성격을 갖는 것이 된다.

이제 롤스가 정의론을 제안한 목적을 다음과 같이 서술해 볼 수 있다. 즉 롤스에 있어서 가장 중요한 문제는, 각 시민이 좋은 삶을 영위하는 데 필요한 사회적 기본재화를 정의롭게 분배할 수 있는 체계를 제공하는 것이 된다.

이제 이런 체계는 롤스에 있어서 정의에 관한 원칙들을 제시하는 것으로 나타난다. 롤스는 자신의 고유한 정의원칙을 제시하기 위해 먼저 일반적인 정의관과 구체적인 정의관을 구분한다. 일반적인 정의관에 따르면 사회적 기본재화는 원칙적으로 모든 시민에게 평등하게 분배되어야 한다. 물론 이것들은 어떤 경우에는 불평등하게 분배될 수 있는데, 그런 불평등한 분배가 정당화되기 위해서는 어떤 조건이 충족되어야 한다. 그 조건이란, 사회적 기본재화가 불평등하게 분배되어 그 결과로써 모든 사람에게 이익이 되어야 한다는 조건이다.

이제 롤스는 앞에서 소개한 일반적 정의관을 구체적 정의관으로 다시 서술하는데, 이런 구체적 정의관은 두 단계의 정의원칙으로 구성된다. 그 첫 번째 원칙은 '평등한 자유의 원칙'이다. 모든 시민은 다른 사람과 동등하게 자유를 누릴 수 있는 권리를 가져야 한다는 것이다. 다음으로 정의의 두 번째 원칙이 있는데, 이는 '공정한 기회균등의 원칙'과 '차등의 원칙'을 담고 있다. 공정한 기회균등의 원칙은 형식적인 장벽이나 차별을 철폐하는 것을 넘어서 각 시민이 경쟁 과정에서 자신이 원하는 것을 실질적으로 이룰 수 있는 동등한 전망을 갖도록 해주는 역할을 한다.

다음으로 차등의 원칙은 최소수혜자(the least advantaged)의 몫을 최대화할 것을 요청하는데, 이는 그의 정의론에서 구체적인 분배의 기능을 수행한다. 최소수혜자는 사회적 기본재화를 가장 적게 가지게 되는 사람을 의미하는데, 차등의 원칙은 이 사람의 몫이 최대가 될 수 있는 분배 상태를 요청하게 되는 것이다. 차등의 원칙은 생산성이 높은 사람에게 더 많은 인센티브를 주고 이런 사람이 그 인센티브를 바탕으로 추가로 생산한 것을 최소수혜자에게 돌려주게 함으로써 그 목적을 달성할 수 있다. 물론 이 지점에서 모종의 불평등한 분배가 발생할 수 있지만 이는 정당화된 불평등이라고 할 수 있다.

롤스의 정의원칙은 최초에 한 사회를 디자인할 때 그 사회가 충족시켜야 할 하나의 이상을 제공한다. 그런데 그렇게 디자인된 사회에서도 세대가 거듭되면서 롤스의 정의원칙을 수용하지 않는 사람들이 나타날 수 있다. 그렇게 되면 그 사회는 하나의 공적인 정의관이 지속해서 작동하지 못하는 사회가 될 수 있다. 롤스는 이런 문제를 이른바 "안정성 문제"라고 불렀고, 이 문제를 자신의 정의론이 해결해야 할 중요한 과제로 보았다.

롤스는 안정성 문제를 해결하기 위해 후기 저작인《정치적 자유주의》에서 자신의 정의관을 새롭게 해석하게 된다. 정의원칙의 내용이 바뀌었다기보다는 그 원칙을 정당화하는 배경적 생각들이 새로운 방식으로 제시된다. 보다 구체적으로, 롤스의 정의원칙은 칸트의 철학 같은 '포괄적인 철학적 교설'의 영향에서 벗어나게 된다. 그래서 굳이 칸트의 철학을 수용하지 않는 사람들도 이제 롤스의 정의원칙을 인정할 수 있게 되는 것이다. 롤스는 이것을 가능하게 하는 것이 이른바 "중첩적 합의"라는 개념이라고 한다. 이제 롤스의 정의원칙은, 다양한 생각을 가진 시민들, 즉 '합당한 다원주의'가 발견되는 사회에서 살아가는 시민들이 모두 수용할 만한 원칙으로 재해석되는 것이다. 그래서 롤스가 지향하는 사회는 이제 그냥 자유주의가 아니라 '정치적' 자유주의의 사회로 재해석된다. 바로 이러한 이유로 그의 후기 저작의 제목이《정치적 자유주의》가 되는 것이다.

2 평등과 정의

어떤 제도가 정의롭다고 말할 때 그 제도는 보통 어떤 특징을 가지고 있을까? 아마도 정의로운 제도 내에서는 평등이라는 가치가 잘 실현되고 있다고 말하는 것이 매우 자연스러운 것 같다. 이렇듯 분명 정의와 평등은 밀접하게 관련되는 것이라 하겠다. 평등은 정의로운 사회나 제도라면 반드시 관심을 두고 실현해야 할 이상이라고 말해도 무리가 없다는 뜻이다.

그럼 도대체 평등은 무엇인가? 먼저 우리는 이른바 '도덕적 평등'에 대해 말할 수 있다. 인간이면 누구나 다 평등하다고 할 때의 평등이 바로 도덕적 평등을 의미한다. 이성적 능력을 지닌 존재라면 모두 다 동등하게 중요한 가치를 가진다는 것이 바로 도덕적 평등의 요점이다.

다음으로 '경제적 평등'에 대해 생각해 볼 수 있다. 아마도 이런 의미에서의 평등이 '평등'이라는 말이 사용될 때 대부분 사람이 암묵적으로 의미하는 것이라 하겠다. 경제적 평등은 어떤 사회에 속한 다양한 개인들의 부가 평등하게 분배될 때 실현된다. 물론 평등한 분배가 무엇인지에 관해서도 여러 이야기가 가능하겠지만, 일반적인 의미에서 볼 때 경제적 평등이라는 말은 그렇게 복잡하게 이해될 필요는 없다.

이제 평등의 세 번째 경우로 넘어가서, 이른바 '사회적 평등'에 관해 살펴보자. 사회적 평등은 도덕적 평등에서 파생된 것인데, 이는 단순히 이성적 존재자 일반이 아니라 한 사회나 제도에 속한 '시민'들에 적용되는 개념이다. 즉 이 평등 개념은 자연적 존재로서의 인간이 아니라 제도에 속한 인위적 존재로서의 인간에게 적용된다고 하겠다. 사회적 평등 개념에 따르면 한 사회에 속한 모든 시민은 동등한 존재로 간주되어야 하며 어떤 한 사람도 다른 사람보다 우월하거나 열등한 존재로 간주되어서는 안 된다. 다시 말해, 사회적 평등을 실현하기 위해서는 사람들 간의 지위(status)에서의 평등을 실현하여 상대적 우월감과 열등감을 제거하는 것이 필요하다.

미국에는 인종차별이 여전한 것으로 알려져 있다. 물론 법적, 제도적 측면에서 흑인에 대한 차별은 없어졌겠지만, 여전히 흑인 집단에 대한 선입견이 있다. 예를 들어, 흑인은 자기 계발에 대한 의지가 빈약하다던가 아니면 다른 의미에서 흑인들은 백인보다 열등하다는 인식 등이 그러하다. 이런 인식은 사실 아무런 근거가 없는 것이다. 하지만 이런 인식은 흑인들의 상대적 열등감, 그리고 백인들의 상대적 우월감을 한 사회에서 팽배하게 만들어 사회적 의미에서의 평등과 배치되는 결과를 가져오게 된다. 그렇다면 사회적 평등의 실현은 단순히 제도 개혁의 문제로만 소급될 수는 없고, 시민들의 의식 개혁과도 밀접히 관련된다고 하겠다.

이제 사회적 평등과 경제적 평등의 관계에 대해 살펴보자. 이 두 평등 개념은 보통 같이 가는 경우가 많다. 예를 들어, 많은 개인이 비슷한 수준의 부를 누리고 있을 때는 (상대적으로) 부유한 사람이 (상대적으로) 가난한 사람을 함부로 대하거나 무시하는 일은 일어나기 어려울 것이다. 하지만 꼭 그렇지만은 않다. 경제적 평등이 잘 실현되어 있더라도 특정 집단에 속한 사람은 여전히 차별받을 수 있기 때문이다. 다시 인종차별이 좋은 예가 된다.

특정 인종에 속하는 사람이 경제적인 부를 잘 누리고 있더라도 여전히 그 인종에 속한다는 이유로 열등하다고 낙인찍힐 가능성이 있기 때문이다.

그럼에도 불구하고 경제적 불평등이 극심할 경우 사회적 불평등은 심화할 가능성이 높다. 부의 극대화는 한 사회에서 대부분 사람들이 엄청난 중요성을 부여하는 가치라고 할 수 있다. 경제적인 풍요에 대한 열망은 비난받을 만한 일이 전혀 아니지만, 한 사회에서 부자들이 '고급스러운 삶'을 영위하면서 이러한 삶의 형태를 그 사회의 '지배적인 규범'으로 설정할 가능성이 있다. 그렇게 되면 그러한 삶의 형태를 누리지 못하는 사람들이 이른바 '낙오자'로 인식될 수도 있다. 결국 이는 가지지 못한 사람에 대한 사회적인 낙인 효과를 유발하고 앞에서 말한 지위에서의 평등을 심각하게 훼손하게 된다.

우리는 어떤 방식으로 사회적 평등을 실현할 수 있을까? 여기에서는 미국의 철학자 스캔런(T. M. Scanlon)이 이야기한, 이른바 "가치 다변화 전략"에 관해 이야기해 보고자 한다. 가치 다변화 전략에 따르면, 한 사회에서 좋은 삶이나 성공의 지배적인 척도로 간주되는 가치를 다양하게 확장할 필요가 있다. 예를 들어, 돈을 많이 벌거나 좋은 대학에 가는 것 말고 다른 가치를 실현하는 것도 개인적 성취의 중요한 지표로 간주될 수 있도록 사회의 분위기를 바꾸는 것이다. 이를테면, 공동체에 헌신하고 시민적 덕과 봉사 정신을 발휘하는 것도 인생의 중요한 목표가 될 수 있는 것이다. 비록 돈을 많이 버는 인생은 아니더라도 도덕적으로 훌륭한 사람으로 인정받음으로써 불필요한 사회적 낙인 효과를 방지할 수 있다는 것이다.

하지만 문제는 도덕적 훌륭함을 이루는 것이 사람들이 추구하는 '지배적' 가치(부의 극대화와 같은 가치)가 될 수 있는가이다. 예를 들어, 누군가가 '당신은 부자가 되고 싶습니까, 아니면 가난하더라도 훌륭한 시민이 되고 싶습니까'라고 물어온다면, 많은 사람은 쉽게 대답하기를 주저할 것이다. 도덕적으로 훌륭한 것도 좋지만 경제적인 부분에서 어려움을 겪게 되는 것도 사람들이 원하는 것은 아니기 때문이다. 결국 기존의 지배적 가치에 필적하는 새로운 대안적 가치를 설정하는 것은 실질적으로는 매우 어려운 일이다.

어떤 이들은 이를 해결하기 위해 국가가 간섭하여 시민들의 가치관을 바꾸도록 노력해야 한다고 주장할지도 모르겠다. 하지만 이런 전략 또한 큰 문제에 직면한다. 최소한 우리가 살아가고 있는 자유주의 사회의 기본 전제에 따르면, 개인의 사생활, 또는 사적 부분에서 개인이 어떤 것을 추구하는지에 대해서는 국가나 제도가 간섭해서는 안 된다. 시민의 책임과 의무를 잘 수행하기만 하면 한 개인이 사적인 영역에서 무엇을 하는지에 관해 국가가 함부로 개입해서는 안 된다는 것이다. 만약 가치의 다변화 전략이 제도적 개입을 통해 이루어진다면 이는 이런 자유주의의 핵심 요소에 반하는 결과를 가져올 수도 있다.

철학자들은 경제적 평등에 대해서 다양한 관점을 제시한다. 그중 여기에서는 롤스의 입장만 간략히 살펴보겠다. 롤스는 한 사회의 분배 정의가 최소수혜자의 몫을 최대화할 수 있을 때, 다시 말해 최소수혜자를 우선으로 대우할 때 달성된다고 주장한다. 롤스적 의미에서의 최소수혜자는 사회적 기본재화의 관점에서 정의되기 때문에, 최소수혜자는 경제적 자원은 물론 정치적 자유와 권리 측면에서도 취약한 계층이다. 그럼에도 불구하고 편의상 최소수혜자를 경제적으로 가장 취약한 계층으로 이해하겠다. 롤스에 따르면, 한 사회에서 최소수혜자가 가질 수 있는 기대치를 가장 높일 수 있으려면 생산력이 높은 계층의 역할이 매우 중요하다. 왜냐하면 이 계층이 더 많은 것을 만들어낼 때 그 남은 몫이 최소수혜자에게 돌아갈 수 있기 때문이다. 생산성이 높은 계층은 적절하면서도 추가적인 보상이 없으면 열심히 일을 하지 않을 것인데, 롤스도 이를 인정하고 그런 계층이 누릴 수 있는 부를 더 높여 주는 것을 용인한다. 그래서 롤스는 기본적으로 '사유재산권'이나 '노력에 대한 보상' 같은 개념에 대해 상당히 호의적인 태도를 보이는 편이다.

하지만 이러한 롤스의 입장에 대해 여러 철학자가 반론을 제기했다. 롤스의 이론은 정의로운 사회를 지향하는데, 정작 그 안에서 살아가는 사람들은 높은 인센티브 없이는 최소수혜자에게 별 관심이 없는, 다시 말해 정의의 문제에 본질적인 관심이 없는 존재로 가정된다는 것이다. 즉 그들은, 코언(G. A. Cohen)의 표현을 빌리면, 이른바 "평등주의적 에토스(egalitarian ethos)"를 결여하고 있다는 것이다. 정의에 관심을 둔 사람이라면 특별한 경제적 보상이 없더라도 최소수혜자의 처지를 향상하기 위해 노력해야 하는 것 아니냐는 생각이다.

3 운, 공정성, 기회균등

이 장에서는 롤스의 정의론이 촉발한 문제 중에서, 운의 요소와 평등의 관계, 그리고 공정성 및 기회균등의 문제를 살펴보고자 한다.

정의론에서 우연과 책임 개념이 어떤 역할을 하는지 이해하기 위해서는 먼저 도덕적 책임 일반에 관한 논의가 필요하다. 철학에서 통용되는 도덕적 책임에 관한 설명은 다음과 같다. 우리가 어떤 결과에 도덕적인 책임이 있다면, 그 결과는 반드시 우리의 자발적 선택과 행위로 인한 것이어야 한다는 것이다. 이런 자발성의 요소는 이른바 '다르게 선택할 수 있는 가능성'으로 이해되기도 한다. 어떤 상황에서 여러 가지 선택지가 있을 때, 그 중에서 특정한 것을 우리가 자유롭게 선택할 수 있을 때 우리는 그 선택이 자발적이라고 말한다.

예를 들어, 누군가에서 떠밀려서 다른 사람의 발을 밟게 되는 경우를 생각해 보자. 우리는 보통 이런 행위의 결과에 대해서는 책임이 없다고 생각한다. 물론 인과적인 수준에서는 책임을 진다. 왜냐하면 우리의 몸이 움직여져서 다른 사람이 다치게 되었기 때문이다. 하지만, 이 경우에 도덕적인 의미에서의 책임을 강하게 물을 수는 없다. 그 이유는, 그 상황에서 내가 달리 행동할 가능성, 즉 남의 발을 밟지 않을 선택을 할 가능성이 없었기 때문이다. 나의 행위에 도덕적인 책임이 없다면, 나는 보통 도덕적 비난에서도 자유롭게 된다. 반면, 내가 일부러 누군가를 다치게 했다면, 나는 그 행위에 대해 책임져야 할 것이고 도덕적 비난도 받게 될 것이다.

도덕적 책임 일반에 대한 논의는 정의론에도 그대로 적용될 수 있다. 예를 들어 보자. 갑돌이는 열심히 저축하고 투자하여 큰 부를 이루었지만, 갑순이는 저축은커녕 도박을 하여 가지고 있던 재산을 탕진하고 만다. 이 경우에 갑순이가 자신의 처지가 좋지 않다는 이유로 국가에 경제적 도움을 요청할 수 있을까? 아마도 대부분의 사람들은 그렇지 않다고 대답할 것이다. 그런데 왜 그러한가? 바로 앞에서 살펴본 도덕적 책임 일반에 관한 이해를 고려하면 우리는 이 물음에 쉽게 답할 수 있다. 갑순이는 자발적인 선택으로 불운한 상황에 놓이게 된 것이니, 온전히 그 상황을 책임져야 한다는 것이다. 반면에, 우리가 어떤 통제할 수 없는 요소 때문에 불행한 상황에 놓이게 되면 어떠한가? 예를 들어, 자연재해로 인해 피해를 보게 된 경우를 생각해 보자. 여기서 국가가 개입하여 보상을 해주어야 한다는 생각은 매우 자연스럽게 받아들여진다.

만약 우리가 이런 입장에 동의한다면, 우리는 경제적 정의의 실현에서 '개인적 책임'과 '자발적 선택'이 매우 중요한 전제조건으로 작동하고 있음을 수용하는 것이다. 자유로운 선택과 개인적 책임을 중심으로 하는 정의론은 보통 '운 평등주의(luck egalitarianism)'로 알려져 있다. 운 평등주의는 분배정의에 관한 하나의 입장으로서, 이에 따르면 개인의 자발적인 선택이 아닌 불운한 결과에 대해서는 국가나 제도가 개입하여 이른바 '정의의 이름으로' 그것을 보상해 주어야 한다. 그 역은 당연히 중요한 부정의의 문제를 일으키지 않는다.

운 평등주의는 도덕적 책임에 대한 우리의 일상적인 관점을 잘 반영한다는 점에서 매력이 있다. 하지만 운 평등주의는 다른 면에서 보면 자유지상주의적인 성격이 강하다. 정치철학에서 자유지상주의는 개인의 영역에 대한 국가의 개입과 간섭을 최소화하는 것에 관심을 둔다. 이런 종류의 최소화가 자유지상주의의 가장 중요한 목표이므로, 이는 롤스의 이론 같은 일반적인 자유주의보다 훨씬 강한 입장이다. 만약 운 평등주의가 자발적인 선택으로 인한 불행을 그냥 놔두어 버린다면, 최소한 이 부분에서 운 평등주의는 자유지상주의적 성격을 띠게 된다. 어떻게 보면, 운 평등주의는 '선택하지 않은 불행에 관한 보상'과 '선택한 불행에 관한 무관심'이라는 두 개의 극단적 요소를 담고 있다는 점에서 다소 모순적인 인상을 주기도 한다.

운 평등주의는 진정한 의미에서의 자발적인 선택, 혹은 그에 상응하는 강한 의미에서의 도덕적 책임 개념을 받아들인다. 하지만 순전하면서 강한 의미에서의 자발적인 선택이 정말 가능한 것인지 우리는 물을 수 있다. 예를 들어, 우리 인간은 모두 특정한 유전자의 조합으로 이루어져 있고, 그런 조합은 우리의 선택과는 무관하게 일어난다. 모든 사람은 그렇게 우연히 이루어진 유전자의 조합을 배경으로 어떤 선택을 하는데 과연 이것이 정말로 순수하게 자발적인 의미에서의 선택이라고 할 수 있을까?

그래서 철학자들은 더 약한 의미에서의 자발적 선택 개념을 선호하기도 한다. 그들에 따르면, 행위 시점에서 외부적 강제나 위협이 없었다면 우리의 선택은 충분히 자발성을 확보할 수 있다. 예를 들어, 강도가 총으로 위협하면서 어떤 것을 선택하라는 정도의 조건만 없다면, 우리의 선택은 유의미한 수준에서 자유의지를 실현한 것이라고 할 수 있다. 운 평등주의가 더 설득력 있는 입장이 되려면, 아마도 이런 점들이 고려되어야 할 것이다.

공정성은 제도적인 측면과 비제도적인 측면으로 나누어 살펴볼 수 있다. 먼저 비제도적인 측면의 공정성을 살펴보자. 공정의 핵심에는 '공평성(impartiality)'이 자리 잡고 있다. 우리가 어떤 의사결정을 할 때 공평한 관점을 가지게 되면 우리는 그 상황에 관련된 사람들의 권리, 주장, 요구 등을 최대한 동등하게 고려하게 된다. 우리가 이런 공평한 관점을 취하게 되면 우리의 의사결정 과정에서 다른 사람이 나와 어떤 특별한 관계에 있는지는 중요하지 않다. 예를 들어, 물에 두 사람이 빠져 있는데 어느 한쪽만 구할 수 있고, 둘 중 누구도 나와 특별한 관계에 있지 않다고 해보자. 이런 경우 우리는 동전 던지기 같은 가장 공평한 방식을 통해 의사결정을 해야 할 것이다.

하지만 공평성이 극단적으로 발현되면 인간 삶의 중요한 가치가 훼손될 수 있다. 윌리엄스(Bernard Williams)라는 철학자가 말한 것처럼, 원래의 예에서 물에 빠진 사람 중 한 명이 우리의 가족이면 어떻게 해야 할까? 대부분 사람은 모르는 사람이 아니라 가족을 구하는 것이 옳은 일이라고 생각할 것이다. 하지만 공정을 구성하는 공평성이 극단적으로 발현되면 이런 행위들은 모두 정당화되기 어려운 것이 되고 만다. 결론적으로, 공평성은 중요한 도덕적 가치이지만 일상적인 인간의 삶에는 부정하기 힘든 편향성(partiality)이 작동하고 있음을 인정할 필요가 있다. 가족의 예 말고도 그 외연이 더 확장된 경우들, 예컨대 같은 학교, 같은 직장, 그리고 심지어는 같은 나라의 국민에 대해서도 같은 생각이 적용될 수 있다.

위에서 말한 것은 사적인, 혹은 비제도적 분야에 관련된 공평성이었다. 이제 제도적, 혹은 공적 분야에 적용되는 공평성에 대해 생각해 보자. 아마도 이런 분야에서는 아주 엄격한 수준에서의 공평성이 요구된다고 하겠다. 특히 어떤 경쟁이 문제가 되고 있을 때 공평성은 중요한 기준이 된다. 예를 들어, 회사의 취직이나 대학입시를 생각해 보자. 이런 종류의 경쟁에서 공평성이 훼손된다면 제도 자체의 기반이 흔들리게 될 것이다. 많은 사람이 공동의 재화를 얻기 위해서 노력하고 있는데 그 재화의 양이 한정적이라면 당연히 공평성을 담보한 경쟁이 요청되어야 할 것이다.

이런 맥락에서 우리는 사회적 경쟁 과정에서 가장 바람직한 형태의 기회균등이 어떻게 실현될 수 있는지 살펴볼 필요가 있다. 먼저 형식적 부분에서의 차별이 절대 있어서는 안 될 것이다. 예를 들어, 특정 인종이나 성별을 가진 사람이 어떤 직종에 지원하는 것을 금지하는 것은 명백한 의미에서 차별이라고 할 수 있다.

하지만 형식적 차별을 철폐하는 것은 바람직한 기회균등을 위한 최소한의 장치에 불과하다. 우리가 이런 차별을 겪지 않고 어떤 경쟁 과정에 들어갔다고 해보자. 어떤 추가적인 조건이 필요한 것은 아닌가? 일단 경쟁 과정이 시작되면 거기에 참여하는 모든 사람은 같은 조건의 제약을 받아야 한다. 예를 들어, 백인은 10점을 받아야 통과하고 흑인은 15점을 받아야 통과하는 것은 공정한 조건이라는 원칙에 어긋난다.

그런데 이처럼 경쟁을 제약하는 조건들 자체는 어떻게 정당화될 수 있을까? 예를 들어 달리기 경주를 생각해 보자. 이런 종류의 경쟁에서는 '가장 먼저 결승선에 들어오는 사람'이 금메달을 따게 된다. 혹은 '일등'만 상을 받게 된다. 즉 '결승선에 가장 먼저 들어오기'라는 조건이 달리기 경주에 참여하는 모든 사람이 따라야 하는 제약조건이 되는 것이다. 반면 달리기 경주를 하는데 '운동복이 가장 화려한 사람이 금메달을 받는다'라고 하면 매우 이상한 이야기가 되어버린다.

주어진 경쟁을 제약하는 조건은 최소한의 수준에서 공적주의(meritocracy)와 관련될 수밖에 없다. 즉 주어진 조건을 가장 잘 충족시키는 사람만이 상을 받을 수 있는데, 이런 충족의 문제는 개인의 능력 혹은 '능력으로 인한 실적'의 문제이다. 공적인 제도에서 일어나는 여러 경쟁이 사실 최소한의 공적주의에 의해 유지되고 있다는 점은 부정할 수 없다.

하지만 경쟁의 경우 순수하게 능력주의만으로 공정성이 확보된다는 주장에는 문제가 있다. 아무리 개인의 능력과 실적을 기반으로 상을 준다고 해도, 거기에는 보이지 않는 불공정의 요소가 개입될 수 있기 때문이다. 달리기 경주의 예를 다시 생각해 보자. 가장 먼저 결승선에 들어오는 사람이 상을 받게 되겠지만, 이 사람은 그런 '능력'을 어떻게 가지게 되었을까? 예를 들어, 이 사람은 그 아버지가 육상선수여서 천부적으로 달리기 재능을 가지고 있었을지도 모른다. 또는 이 사람은 재능은 평범했지만, 경제적으로 여유로운 아버지가 어렸을 때부터 좋은 훈련을 많이 시켜 주어서 후천적으로 능력을 개발했을 수도 있다. 이 두 가지 경우 모두 일종의 운의 요소라고 할 수 있다. 우리의 천부적 재능은 우리의 선택과 무관하고, 부자 아버지를 만나게 된 것도 우리의 선택과 무관한 것이다. 즉 공적주의의 기반이 되는 능력의 함양은 어떤 식으로든 운의 요소에 영향을 받게 되어 있다. 앞에서 말한 운 평등주의를 떠올리면 이 문제가 얼마나 중요한 것인지 쉽게 알 수 있다.

그래서 롤스는 이런 문제를 극복하기 위해 '공정한 기회균등의 원칙'이라고 불리는 정의원칙을 제안한다. 이는 형식적인 기회균등이나 공적주의가 사회적, 자연적 운의 영향 때문에 공정성을 담보하지 못하는 사태를 방지하는 역할을 한다. 공정한 기회균등의 원칙에 따르면, 각 사람이 경쟁 상황에서 '성공할 수 있는 동등한 가능성'을 지니는 것이 중요하다. 이는 '이 정도 했으면 다른 사람과 마찬가지로 충분히 원하는 성취를 이룰 수 있다'라는 전망이다. 물론 이는 주관적 느낌이나 인식의 문제는 아니다. 이는 공정한 기회균등의 원칙을 포함하여 롤스의 다른 정의원칙들이 사회의 기본구조를 지배하고 있을 때 그 사회가 가지게 될 하나의 특징 혹은 속성이다.

타고난 재능의 차이 같은 자연적 우연성을 제거하는 것은 사실상 불가능하다. 원래부터 달리기 능력이 뛰어난 사람을 더 못 달리게 만든다는 것은 가능하지도 않고 직관적으로도 불합리한 생각이다. 롤스도 비슷한 생각을 가지고 있으며, 가족 배경 같은 사회적 우연성의 영향을 완화하는 것에 더 관심을 둔다. 예를 들어, 롤스의 차등의 원칙을 상기해 보자. 이 원칙에 따르면 한 사회의 경제적 부를 최소수혜자의 몫을 최대화하는 방식으로 분배해야 한다. 롤스는 이렇게 되면 사회적 우연성의 영향력을 간접적으로 완화시킬 수 있다고 본다. 분배정의가 차등의 원칙대로 실현되면 경제적 평등이 어느 정도 가능할 것이고, 이는 어떤 경쟁 과정에 들어가기 전에 사람들이 자신을 충분히 준비시킬 수 있는 중요한 토대가 된다. 그래서 사회적 배경이 다소 좋지 않았던 사람들도 앞에서 말한 '동등한 성공의 전망'을 갖게 되는 것이다. 물론 롤스는 정의의 제일원칙인 동등한 자유의 원칙 또한 강조하면서, 이 원칙 아래에서는 모든 시민이 동등한 교육의 기회를 얻게 되고 이것도 경쟁 과정에 들어가는 사람들을 충분히 준비시킬 수 있는 역할을 할 수 있다고 말한다.

결국 롤스에 있어 공정한 기회균등의 문제는 사회의 전반적 정의의 문제로 환원된다. 왜냐하면 롤스가 생각하는 정의로운 사회를 가능하게 하는 중요한 요소 중 하나가 차등의 원칙과 동등한 자유의 원칙이기 때문이다.

추가로 우연적 요소에 대해 잠시 살펴보자. 우리는 당연히 자연적 우연성의 영향을 매우 크게 받고 있다. 즉 신체적 능력, 지능, 피부색 등이 그러하다. 반면 내가 태어난 가정의 경제적 수준 같은 사회적 우연성도 있다. 그런데 이런 다양한 우연적 요소에 대한 우리의 반응에는 다소 차이가 있는 것 같다. 예를 들어, '머리가 좋아서' 대학에 간 사람과 '경제적으로 풍부한 가정'에서 태어나 교육을 잘 받아 대학에 간 사람을 비교해 보자. 우리는 보통 후자에 대해 더 부정적으로 반응하는 것 같다. 그런데 왜 그러한 것일까? 왜 사회적 우연성의 영향에 대해 우리는 더 민감할까? 이 문제는 독자 스스로 생각해 보도록 남겨 두려고 한다. 아마도 운과 정의의 관계에 대한 흥미로운 철학적 주제가 될 수 있을 것이다.

4 정리

마지막으로 지금까지 다룬 내용을 간략히 정리해 보자. 우리는 1장에서 롤스의 정의론이 어떻게 제시되고 발전되었는지 살펴보았다. 롤스의 철학은 정의, 공정, 평등 등 정치철학의 주요 개념들을 탐구할 수 있게 해주는 중요한 소스를 제공해 주었다. 이런 연장선상에서, 2장에서는 평등의 다양한 측면, 즉 도덕적, 사회적, 그리고 경제적 평등을 살펴보았다. 3장에서는 운의 영향력과 공정성 개념에 관해 논했다. 공정성은 비제도적인 측면에서도 중요하지만, 제도적인 측면에서도 주어진 제도의 정당성을 담보하는 중요한 조건임을 알아보았다. 특히 이러한 맥락에서 기회균등의 문제를 살펴보았고, 롤스가 이를 어떻게 이해하고 있는지도 이야기하였다.

롤스의 정의론뿐만 아니라 평등과 공정성 등에 관련된 많은 주장은 모두 복잡한 논증을 통해 제공되고 있고 현재도 다양한 학문적 토론의 대상이 되고 있다. 그래서 이 짧은 글에서 모든 것을 다 소개할 수는 없다. 하지만 이를 통해 사회정의를 포함한 여러 중요한 문제들을 여러분 스스로 고민해 볼 수 있는 계기가 마련되었기를 희망한다.

더 읽어보기

롤스의 정치철학에 대한 책과 논문은 셀 수 없을 정도로 많다. 따라서 아래에서 제공하는 참고 자료는 매우 제한적임을 밝힌다. 그의 철학 일반을 대체로 쉽게 논의하고 있는 것을 골라 본 것이다.

Freeman, Samuel. *Rawls*. Routledge, 2017.

Mandle, Jon and David A. Reidy(ed.). *A Companion to Rawls*. Wiley, 2013.

Lovett, Frank. *Rawls's 'A Theory of Justice': A Reader's Guide*. Continuum, 2010.

롤스의 철학을 여러 현실 문제에 적용하는 국내 문헌으로 다음의 책을 추천한다.

목광수. 《정의론과 대화하기》. 텍스트Cube, 2021.

한국윤리학회. 《롤즈 정의론의 이론과 현실》. 철학과현실사, 2021.

순자

통일을 예비한 이상적 질서

이찬

1 순자, 《순자》라는 텍스트, 그리고 순자의 시대—욕망하는 인간

1.1 순자라는 인물

순자라고 하면 많은 이들은 거의 조건반사처럼 "성악설"이라고 답을 할 것이다. 그렇지만 중국 고대 역사와 사상에 조금이라도 관심이 있는 사람이라면 진시황의 천하통일과 순자는 연결될 수밖에 없다는 사실을 수긍하리라고 생각한다. 애초 '법과 도덕'이라는 주제를 제안받았을 때, 나의 머릿속에 맨 처음 떠오른 인물이 순자였다. 관중 같은 인물도 손꼽을 만하지만, 순자야말로 그 주제를 사상사의 현장으로 가장 선명하게 소환해 낸 인물이기 때문이다. 현실에서 모든 것을 법으로 해결하려 드는 사람과 법 없이도 살 수 있는 사람으로 크게 두 부류로 나눌 수 있을 것이다. 그렇게 두 부류의 사람들이 섞여 살아가는 세상이어서 그들이 조화롭게 살아가는 방안을 고민하지 않을 수 없다. 순자야말로 그런 주제에 실질적인 해답을 제시함으로써 자신의 시대와 미래에도 지속될 수 있는 질서를 구축하려 하였던 사상가였다.

순자는 대략 기원전 298년에 태어나 238년에 사망하였다고 추정된다. 사마천은《사기》의 〈맹자순경열전〉에서 다음과 같이 기록하고 있다.

순자(기원전 298–기원전 238)

순경(荀卿)은 조나라 사람이다. 나이 50살이 되어서야 비로소 제(齊)나라에 와서 학문을 유세했다. (…) 제나라에서는 항상 열대부(列大夫)에 결원이 생기면 채워 넣었는데, 순경은 세 번이나 좨주(祭酒)가 되었다. 제나라 사람 중에 어떤 자가 순경을 참소하자 순경은 초나라로 갔는데, 춘신군(春申君) 황헐(黃歇)이 그를 난릉(蘭陵)의 현령으로 삼았다. 춘신군이 죽자 순경도 면직되었으나 계속 난릉에서 살았다. 이사(李斯)는 일찍이 순경의 제자였는데, 후에 진(秦)나라의 재상이 되었다. 순경은 어지러운 정치가 행해지는 것과 나라를 망치는 문란한 군주가 계속 이어지는 것과 대도(大道)를 따르지 않고 무속에 미혹되어 길흉화복의 징조를 믿는 것, 천박한 선비가 하찮은 일에 얽매이며, 장주(莊周)와 같은 무리가 교활한 말로 세속을 어지럽히는 것을 증오하였으며, 이에 유가(儒家), 묵가(墨家), 도가(道家)의 행실과 흥망을 연구하고 차례대로 정리하여 수만 자의 저술을 남기고 죽었다. 그는 난릉(蘭陵) 땅에 묻혔다.

(《사기(史記)》, 〈맹자순경열전(孟子荀卿列傳)〉)

여기서 논란이 될 만한 글자는 '오십(五十)'이다. 생몰 연대를 보면, 순자는 대략 60세 정도를 살았다. 그의 경력을 고려했을 때, 오십에 제나라로 왔다면 10여 년의 세월을 밀도 높게 살았으리라고 추정해 볼 수 있겠지만, 미심쩍은 점들이 눈에 띈다. 예를 들어, 일찍부터 순자의 제자였다고 기록된 이사는 초나라 출신이어서 그 둘은 제나라에서 만났다고 보는 것이 합당해 보인다. 이사와 순자의 나이 차이는 대략 14년 전후라고 하는데, 이사의 생년을 정확하게 확인하기는 어려워서 이런 논의는 추정에 불과할 수도 있겠지만, 오십 세에 제나라에 온 순자를 이사가 만났다면 그도 이미 36세 전후였을 것인데, 일찍부터 순경의 제자였다는 말은 앞뒤가 맞지 않아 보인다. 그래서 일설에는 십오(十五)를 오십으로 잘못 썼으리라고 보기도 한다. 순자의 고향인 조나라는 수도가 한단(邯鄲)으로, 한단학보(邯鄲學步)나 한단지몽(邯鄲之夢)이라는 고사를 통해 우리는 그가 상당히 번화하고 상공업이 발달한 지역을 잘 이해하고 있었으리라 짐작해볼 수 있다. 아마도 이런 경험이 그의 사상 형성에 일정하게 영향을 미치지는 않았을까. 초나라 춘신군의 초빙으로 난릉령에 임명되었고, 춘신군이 살해된 후에는 파직되었지만, 그는 난릉에 여전히 머물면서 제자들을 가르치는 데 전념하다가 그 땅에 묻혔다고 한다.

한비자와 후에 진시황으로 불리는 진왕 정에게 출사한 이사가 그의 제자였다는 사실은 두 가지 중요한 논점을 일깨운다. 천하통일의 기획이 실질적으로 순자 학파의 사상적인 결과물일 수 있으리라는 추정이 그 하나이다. 다른 하나는 유가와 법가의 학파적인 구분에 관한 것이다. 문헌상으로는 사마담이 〈논육가요지〉를 쓰면서 6개의 학파(유가, 법가, 도가, 묵가, 명가, 음양가)를 처음 명시적으로 분류하였다. 《맹자》나 《순자》에 묵가에 대한 대결 의식은 표출되었지만, 유가와 법가가 갈등하거나 서로를 비판하는 것처럼 보이는 것은 송대 이후 도덕적인 가치를 중심에 둔 도학 그룹이 등장하면서 본격화되었다고 말할 수 있다. 한나라 이후, 길게는 청나라까지도 국가를 경영하는 위정자의 처지에서 외유내법(外儒內法)이라고 하는 방식, 즉 유가적인 인문·도덕 정신과 효율적이고 실질적인 통치를 가능하게 하는 수단인 법은 상보적인 관계일 수밖에 없었다. 더욱이, 순자의 시대에 한비자나 이사는 그들이 추구하는 학문이 순자의 가르침과 사상적으로 전혀 다르다거나 이단이라고 생각하기보다, 그들이 스승의 사상을 응용하거나 현실에 구체적으로 적용하고 있는 것으로 생각했을 공산이 훨씬 컸으리라고 짐작된다. 그래서, "세상에 두드러진 학문은 유가와 묵가"라고 한비자가 〈현학〉 편에서 단언한 것은 의미심장하게 들린다. 그에 따르면, 공자 사후 제자들이 학문적으로 다양하게 분화되었음을 확인할 수 있는데, 법가는 유가 사상을 현실에 적용할 때 필연적으로 취하게 되는 실질적이며 구체적인 방법에 대한 하나의 이론적인 갈래였으리라고 말할 수 있을 것이다.

순자가 남긴 저작을 통해 확인할 수 있는 사상의 체계적인 규모에 비해 그는 꽤나 오랫동안 정당한 평가를 받지 못했다. 양웅(楊雄)이 공자나 맹자보다 순자를 낮추어 평가하기 시작하였고, 한유(韓愈)도 이런 견해를 적극적으로 이어받았다. 송대 이후 정주 이학이 사상계의 주류를 형성하면서, 실질과 효용을 앞세운 왕안석 같은 인물로 여겨졌던 순자는 도통의 역사에서 철저하게 배제되었다. 이런 경향은《맹자》를 재발견해 낸 북송대의 사상사적 흐름과도 관련이 있으며, 이에 따라 성악설의 대표인 순자는 비판의 표적이 될 수밖에 없었다. 정주 이학이 주류를 이루던 조선 시대 사대부들이 순자를 공격하는 주된 지점도 그의 성악설이었다. 숙종 8년 문묘(文廟) 개제(改制)하면서 순자를 내쫓은 일이 벌어졌는데, 명나라 가정 9년에 이루어진 공묘 개혁 때 순자를 공묘에서 축출한 사례가 그 일의 명분과 근거가 되었다. 순자를 공묘에서 출향시킬 때, 한대(漢代) 경학자들인 정현, 마융, 하휴, 왕숙, 두예도 함께 파출되었다는 사실은 결국 송대 도학 계열의 유학자들을 정통으로 자리매김하려는 정치적인 힘의 작용으로 벌어진 일이었음을 말해준다. 순자는 파편적으로 긍정되거나 수용되기는 하였지만, 이천여 년 이상 그의 전모가 제대로 평가되어 왔다고 말하기는 어렵다. 성악설과 더불어 제도 및 의례에 무게를 싣는 그의 사회·정치사상, 한비자와 이사라는 법가 계열의 제자들을 길러냈다는 점도 색안경을 끼고 그를 바라보도록 만드는 데 일조하였다.

1.2

순자라는 텍스트

전한말(前漢末) 유향이《순자》를 처음으로 정리했다고 알려져 있다. 유향은 322편 가운데 중복되는 290편을 제거하고 12권 32편의《순경신서(荀卿新書)》를 엮었다고 하는데 전해지지는 않는다. 이 책에 대한 기록인《순경서록(孫卿書錄)》이 양경(楊倞)*의 《순자주(荀子注)》에 실려 있다고 한다. 《순경신서》에 실린 장별 순서는 양경이 내용에 따라 재배열해 현재까지 전하는 《순자》의 순서와는 출입이 있을 뿐 빠졌거나 추가된 장은 없다. 북송 희녕 원년인 1068년 왕자소가 교감하였고 국자감에서 간행한 것은 일실되었지만 남송대 당중우가 소흥에서 번각하였다. 이후 원과 명을 거치면서 간간히 간행되었지만, 청나라에 이르러 본격적으로 순자 연구 및 주석서가 등장하였고 일본의 에도시대에도 순자 연구가 활발하게 이루어졌다. 조선시대 내내 성리학 등의 영향으로 순자에 대한 주석서는 한 편도 없었지만, 문집이나 사료를 통해 순자를 충분히 이해하고 있었음은 확인된다.

《순자》의 편명은 《논어》나 《맹자》와 다르다는 사실도 소개할 만하다. 《논어》, 《맹자》는 각 편의 첫머리에 나오는 단어나 글자를 따서 편명으로 삼았지만, 《순자》는 각 편의 내용을 함축하는 주제를 편명으로 삼았다. 특히, 첫 번째와 마지막 편명을 〈권학(勸學)〉과 〈요문(堯問)〉으로 정한 것은 〈학이(學而)〉와 〈요왈(堯曰)〉로 시작하고 끝맺은 《논어》에 대한 오마주로 보인다. 서술 방식도 판이하다. 《논어》와 《맹자》는 대화와 문답이 기본적인 골격을 이루고 있지만, 《순자》는 오늘날 논설문처럼 문제를 제기하고, 자신의 논의와 주장을 개진하는 방식으로 구성되어 있다는 점이 눈에 띈다.

* 양경(楊倞)(?-?)은 당나라 괵주(虢州) 홍농현(弘農縣) 사람이다. 생몰 연대는 미상이며 당 헌종(憲宗, 재위 805-820년) 연간에 살았다고 알려진다. 양여사의 아들로, 동천절도사(東川節度使), 형부상서(刑部尚書), 대리평사(大理評事) 등의 관직을 역임하였다. 《순자주(荀子注)》를 지었는데, 《순자》에 관한 최초의 주석서에 해당한다. 《신당서》, 《구당서》 모두에도 그에 관한 전은 없다.

1.3

순자의 시대, 욕망하는 인간

《맹자》의 〈양혜왕〉 하편에 다음과 같은 대화가 실려 있다.

> "천하가 어떻게 안정될까요(天下惡乎定)?"
> "통일이 되는 방향으로 안정을 찾을 겁니다(定于一)."
> "누가 통일할 수 있을까요(孰能一之)?"
> "사람 죽이는 것을 즐기지 않는 자가 통일할 수 있을 겁니다(不嗜殺人者能一之)." (《맹자》, 〈양혜왕〉 상 6장)

이 대화의 상대는 양양왕(梁襄王)이다. 왕다운 구석이라고는 조금도 찾아볼 수 없다고 맹자가 비판했던 양양왕조차 천하의 향배를 궁금해했을 만큼 전국(戰國) 중기 이후의 상황은 통일이 가시화되던 시기였음을 짐작하기에 충분하다. 순자는 어림잡아 맹자보다 70여 년 뒤에 활약하였고, 순자가 사망한 뒤 17년 정도가 지나서 진시황은 통일을 완성하게 된다. 통일을 위해 진시황이 6국 가운데 최초로 조나라를 1차 침공하였던 시기가 순자가 사망하기 2년 전이었던 기원전 236년임을 감안한다면, 《순자》라는 텍스트의 수많은 논설이 통일을 대비한 순자의 원대한 이상을 담은 청사진이었음을 충분히 짐작할 수 있다.

중국의 통일을 실질적으로 주도한 이념은 법가였다. 그러나 통일 후

중국을 최초로 통일한 진시황

11년 만에, 진시황의 죽음과 더불어 진나라는 허무하게 무너지기 시작했고 기원전 206년 종말을 고하게 된다. 4년 가까운 세월 동안 항우와 천하를 다투다가 유방이 한나라를 건국하게 되었다는 사실은 잘 알려진 역사이다. 이후 400여 년 이어진 한나라의 역사에서 유학이 국가의 이데올로기로 정립되는 과정에서 수많은 문헌이 정리, 편찬되면서 유학 독존의 길을 열었다. 《예기》가 전한 무제와 선제 시기를 거치며 완성되었고, 한대 경학이 조직적이고도 구체화된 형식을 갖추어 성립되게 된 데에는 순자, 또는 순자 후학의 영향이 깊고 넓게 드리웠다고 봐야 한다. 오늘날에도 여전히 한문(漢文), 한족(漢族)이라고 일컫는 데서 알 수 있듯이, 중국 역사 전체를 한눈에 훑을 때, '한(漢)'제국 시대에 중국 문명의 원형질이 형성되었음을 부인하기 어렵다. 이런 형성 과정에서, 비록 부침을 겪기는 하였지만, 통치 이념이자 동아시아 문명의 대표적인 심령으로 기능할 수 있도록 유학을 사상적으로 일신해 내고 그 사유의 규모를 조직적이고도 체계적으로 확장, 심화시킬 수 있는 초석을 놓은 인물은 순자였다고 평가해야 옳다. 오늘 우리가 새로운 관점으로 순자를 다시 읽어야 하는 까닭이 여기에 있다.

순자는 누가 뭐래도 성악설에서 시작해야 할 듯하다. 교과서식 서술의 폐해이기도 하겠지만, 고등학교 '윤리와 사상' 수업을 들은 대부분의 학생은 '맹자는 성선설', '순자는 성악설', '고자는 성무선악설' 하며 심지어 문헌도 전해지지 않는 고자까지 공식 외우듯 암기하고 있다. 순자의 성악설은 대체 무슨 내용일까? 순자는 성악설로 무엇을 말하고자 한 것일까? 아인슈타인의 특수상대성이론의 공식인 $E=MC^2$를 아무리 외운들 에너지, 질량, 빛의 속도에 관한 개념과 그 상관관계를 이해하지 못한다면 아무런 의미가 없듯이, 순자가 말하는 '성'과 '악'이 무엇을 뜻하는 것인지 모른다면 그가 무슨 의도로 인간의 본성을 악하다고 말했는지 이해하지 못할 것이다. 순자는 인성을 다음과 같이 말한다.

> 사람의 성은 악하고, 그 선한 행동은 작위적이다. 사람의 본성은 태어날 때부터 자신에게 이로운 것을 좋아한다. 이를 따라 행동하기에 다툼이 생기고 양보하는 일은 사라진다. 날 때부터 질투하고 미워하는데, 이를 따라 행동하기에 잔혹함이 생기고 충직함은 사라진다. 나면서부터 감각적인 욕망과 아름다운 대상을 좋아하는데, 이를 따라 행동해서 과도하게 즐기다 보니 혼란을 야기하게 되고 예의, 문명에 걸맞은 합리적인 처신은 사라진다. 그러므로 인간의 본성을 쫓고 인간의 감정을 따르면, 반드시 다툼이 생기고 분수를 어기고 원칙을 어지

럽히게 되어 폭력으로 끝맺게 될 것이다. (《순자》, 〈성악(性惡)〉)

여기서 성이 악하다고 말할 때의 '악'은 선에 대비되는 서구 기독교 전통의 실체화된 악을 의미하는 것이 아니라 조악하고 제멋대로인 상태를 의미한다. 성(性)도 존재의 특성을 규정짓는 불변하는 본성(nature)이라기보다 날 때부터 타고난 성향(tendency)이라는 의미이다. 실상 모든 생물이 생존에 도움이 되는 방향으로 행동하듯이, 사람의 성향이 이로움을 추구한다는 순자의 발언은 인류 공동체를 구성하는 각각의 개체들이 저마다의 생존에 유리한 선택을 한다는 의미 그 이상도 이하도 아니다. 그렇다 보니, 개체와 종의 생존에 필요한 자원을 가능한 한 많이 차지하려고 싸우는 일은 당연할 수밖에 없다. 타고난 자연 상태의 성향대로 살아가도록 인간을 내버려둔다면 혼란은 증폭되기만 하고 문명의 건설은 꿈꿀 수 없게 된다고 순자는 보았다. 이런 맥락에서, 우리는 순자의 선악 개념이 개개인의 본성에 관한 규범적인 평가라기보다 공동체의 안녕이라는 사회 정치 질서에 관한 술어였음을 이해할 필요가 있다. "예로부터 지금까지 이 세상에서 '선하다'라고 말하는 것은 바르고, 이치에 맞으며 평화롭고, 잘 다스려진 상태를 뜻하며, '악하다'라고 말하는 것은 치우치고, 음험하며 제멋대로인 데다 혼란스러운 상태를 가리킨다"라고 규정하는 데서도 그가 말하는 '선악'이 인성에 국한되는 것이 아님을 알 수 있다. 그렇다면, 어떻게 평화로운 질서를 정립할 수 있을까?

순자는 수차례 이상적인 인격으로 설정한 '성인(聖人)'을 언급하고 있다.

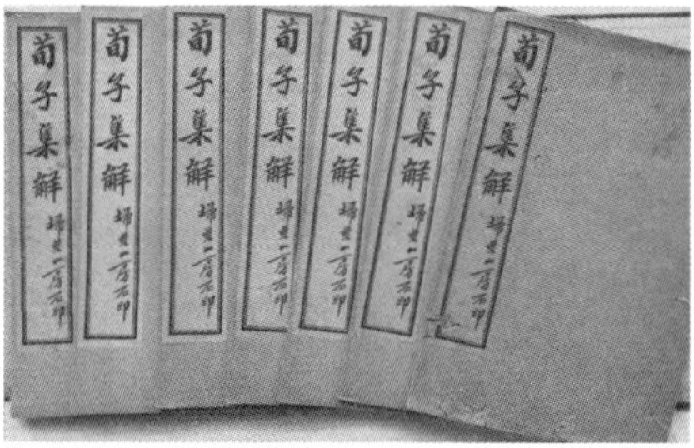

왕선겸이 주석한 《순자집해(荀子集解)》

"예는 어디서 발생하였을까? 사람은 나면서 욕구가 있는데, 욕구하였는데도 얻지 못하면 (그 대상을) 취하려 날뛰게 된다. 취하는 데에서 법도나 기준, 경계가 없으니 다투지 않을 수 없다. 다투면 혼란으로 번지고 혼란하면 곤궁한 지경에 빠지게 된다. 선왕께서는 이 혼란을 싫어하셔서 예의를 제정해 구분 지으셨고, 사람들의 욕구를 달랬으며 사람들이 취하려는 것을 갖추어 주었던 것이다." 순자는 이런 예의가 인위적으로 만들어진 것임을 적시하고 있다.

> 예의라는 것은 성인의 작위로 생겨나는 것이지, 사람의 본성에서 생겨나는 것이 아니다. 예컨대, 옹기장이가 진흙을 이겨 질그릇을 만드는데, 질그릇은 옹기장이의 작위로 생겨나는 것이지 사람의 본성으로부터 만들어지는 것이 아니다. (…) 성인이 생각을 쌓고 작위를 오랫동안 익혀 예의를 만들고 법도를 제정하였다. (《순자》, 〈성악〉)

욕구를 채우기 위해 한정된 재화를 두고 다투게 되고, 그로 인해 발생할 혼란을 억제하기 위해, 제도적 장치를 필요에 따라 만들었다는 순자의 주장은 홉스를 떠올리게 한다.

> 같은 것을 놓고 두 사람이 서로 가지려 한다면 그 둘은 서로 적이 되고 따라서 상대방을 파괴하거나 굴복시키려 하게 된다. 파괴와 정복을 불가피하게 만드는 경쟁의 주된 목적은 자기 보존이다. (…) 상호 간에 불신이 존재하는 상황에서는 누구라도 예상되는 위험으로부터 자기 자신을 안전하게 보존하기 위한 합리적 조치를 강구하게 된다. (…) 인간은 그들 모두를 위압하는 공통의 권력이 존재하지 않는 곳에서는 전쟁 상태에 들어가게 된다는 것이다. 이 전쟁은 만인에 대한 만인의 전쟁이다. (《리바이어던》)

이처럼, 자연 상태를 만인에 대한 만인의 전쟁으로 규정함으로써 홉스가 인위적인 구성체인 국가의 탄생을 요청하게 되었다는 것은 서양 정치 사상사의 한 국면에서 잘 알려진 사실이다. 요컨대, 전장제도(典章制度)는 질그릇이나 기구처럼 우리가 필요해서 만들어낸 구성물이라는 사고방식은 그의 사상 전반을 이해하는 중요한 단서이다. 필요해서 문명을 만들게 되었다는 것은 도덕의 차원에서 거론되는 규범적인 선함도 작위로 구성된 것임을 주장하게 되기 때문이다. 〈권학〉 편에서도 말했듯이, 사람의 타고난 성향도 노력과 훈련을 통해 선하게 교정됨을 말하고 있다. 그렇다면, 인간의 욕구와 욕망을 채워주고 달래줄 수 있는 문명화의 과정은 어떻게 가능한 것인가?

2 순자 사상의 배경
—자연과 세계의 이해

기우제에 관한 순자의 발언은 자연과 인간사를 이해하는 그의 통찰을 잘 보여준다.

> 기우제를 지내면 비가 오는 것은 어째서인가? 아무 일도 아니다. 기우제를 지내지 않아도 비는 온다. 일식과 월식이 일어나면 그것을 해결하는 의식을 행하고, 하늘이 가물면 기우제를 지내고 점을 쳐본 뒤에 큰일을 치르는데, 그렇게 함으로써 원하는 일을 이룰 수 있다고 여기는 것이 아니라, 의례를 통해 위안을 얻는 것이다. (《순자》, 〈천론(天論)〉)

이런 사고방식은 현대인이 보기에도 놀라울 만큼 합리적이고 과학적이다. 가뭄이라는 기상 변화에 기우제라는 의례가 어떤 의미를 지니며, 어떻게 기능하는지 명료하게 밝히고 있다. 또한, 별이 떨어지고 나무가 소리를 내는 것과 같은 드물게 일어나는 자연현상에 대해서도 괴상하다고 생각하는 것은 괜찮지만 두려워하는 건 잘못이라고 조언한다. 괴상하다고 생각하는 것은 일상적이지 않은 현상을 경험하면서 품게 되는 의아함 또는 궁금증일 수 있지만, 두려워한다는 것은 그 현상에 왜곡된 의미를 부여하게 된다는 것을 뜻하기 때문이다. 과장하거나 신비하게 여김으로써 현상을 있는 그대로 받아들이지 못하고 사태를 호도할 수도 있다는 말이다.

> 하늘의 운행은 일정하다. 요임금을 위해 존재하지도, 걸왕 때문에 없어지지도 않는다. 그 운행에 순조롭게 응하면 길하고, 제멋대로 대응하면 흉하다. (…) 하늘은 사람이 추위를 싫어한다고 겨울을 없애지 않는다. 땅은 사람이 멀리 걸어가는 것을 싫어한다고, 광활함을 거두어들이지 않는다. (《순자》, 〈천론〉)

순자가 말하는 '하늘'은 오늘날 우리가 생각하는 '자연'과 일치한다. 따라서 그는 사람들의 삶 속에 형성된 규범화된 의례나 준칙이 자연의 운행 법칙과는 무관하다고 선언한다. 정서적으로 좋아한다거나 싫어하는 우리의 심리적인 경향이 자연 세계의 실질적인 변화에 영향을 끼치지 못한다는 것이다. 자연에 대한 이해는 인간의 지각과 인지의 발달에 따라 점진적으로 변해 왔다. 쉬운 예로, 한국어를 사용하는 사람이라면 '오늘은 하늘이 참 푸르다'라고 할 때의 하늘과 '너는 하늘이 두렵지 않니?'라고 할 때 하늘의 의미가 다르다는 것을 쉽게 이해할 것이다. 특정한 종교를 가진 이들에게 '하늘'이라는 기표는 인격신의 역할을 하기도 한다. 다른 누군가에게, 하늘은 자신의 마음으로 들어온 내재적인 양심이기도 하다. 그러다 보니, 우리는 종종 하늘이 나에게 복을 내리기를 기도하거나 조그만 잘못이라도 저지르면 혹시나 하늘이 벌을 내리지는 않을까 살짝 걱정하기도 한다.

우리는 히틀러 같은 악인이라고 해도 하늘이 그에게 징벌을 내리지 않는다는 사실, 즉 자연 질서가 우리 삶의 길흉화복과 필연적인 인과관계가 없음을 머리로는 잘 알고 있다. 그렇다고 자연의 운행 법칙이 인간사의 규범적인 질서와 다르다는 순자의 명쾌한 지적이 자연과 인간이 완벽하게 무관함을 주장하는 것이 아니라는 점도 짚어둘 필요가 있다. 자연법칙의 운행을 정확하게 파악하고 그에 순응하거나 이용할 줄 알아야 한다고 그는 제안한다. 그렇게 잘 준비하여 대응한다면 아무리 열악한 자연환경에서도 재해를 당하지 않게 되며, 가난과 질병, 굶주림을 극복해 내고 삶을, 나아가 문명을 건설해 우리의 삶을 복되게 영위할 수 있다고 보는 것이다. 자연에 막연한 경외심을 표현하기보다 자연으로부터 주어진 모든 것을 제어하고 길러낼 수 있도록 해야 하며, "때를 기다리기보다 때에 맞추어야 한다"라는 말은 자연의 질서에 능동적으로 대응하기를 촉구하는 제언이다.

인간과 자연에 대한 순자의 이해는 한마디로 "주어진 자연 상태를 변화시켜 문명화의 길로 나아가야 한다(化性而起僞)"라는 말로 요약할 수 있다. "배움은 멈추어서는 안 되며"(《순자》, 〈권학〉) 학습을 통해 우리의 미래 세대가 우리보다 더욱 나은 세대가 될 수 있고, 또한 그렇게 되어야 함을 순자는 천명하고 있다. 부단하게 배움을 확장하면서 깊고 넓게 경험한다면, 그 과정을 통해 처음의 자신과는 전혀 다른 존재로 거듭나게 된다고도 말한다. 본래 타고난 인간의 성향을 올바로 이해하고 그에 맞추어 훈육함으로써 바른 사람이 되는 과정과 자연의 운행 법칙을 제대로 파악하고 그에 따라 능동적으로 대처하고 극복해 가는 과정은 구조적으로 다르지 않다.

3 순자 사상의 배경 —법과 도덕의 조화

인간의 삶을 제도적으로 다스리는 일에 대하여 공자가 제시한 기본적인 입론은 다음과 같다.

> 행정적인 규제로 이끌고, 형율로 고르게 질서를 잡는다면, 백성들은 벗어나려고만 하고 부끄러움을 모른다. 덕으로 이끌고 예로 고르게 질서를 잡는다면, 부끄러움이 있게 되어 스스로 바로잡아갈 것이다.
>
> (《논어(論語)》, 〈위정(爲政)〉 2장)

덕치와 예치, 그리고 법치의 본질을 압축적으로 드러낸 이 문장의 정신은 예를 통한 통치 질서를 구상한 순자에게도 계승된다.

> 통치자가 예를 융성하게 일으키고 현능한 사람을 존중한다면 성왕의 길을 걸을 것이요, 법을 중시하면서 백성을 사랑한다면 패도의 길을 걷게 될 것이다. 이익을 좋아하고 헤아릴 수도 없이 속인다면 위태로워질 것이고 권모술수로 음흉하게 뒤집으려 든다면 망할 것이다. (《순자》, 〈강국(强國)〉)

정치를 논하면서 순자의 중점이 왕도에 있음은 명확하다. 그리고 왕도가 현실에서 실현되는 구체적인 길이 예라는 점도 분명하다. 예는 매우 복합적인 관념이기는 하지만, 국정을 운용하는 근간이자 국가를 다스리는 최고의 표준으로《순자》에서 분명하게 제시되고 있다. 예는 특정 국면에서 법과 다를 바 없이 활용되지만, 규범적으로 숭상해야 할 지향으로도 제시된다는 점에서 도덕적 푯대로 기능하기도 한다. 달리 말해, 예는 행위자가 자발적으로 규범을 준수할 수 있도록 유도한다는 점에서 덕성을 중시하는 유가적 이상의 실질적인 길잡이가 된다. 나아가, 이 모든 유가적 가치를 가능하게 하는 주체로 '인격적인 행위자'를 상정하고 있다는 점에서도 성문법적인 엄벌주의를 강조하는 법가와 뚜렷하게 구분된다.

혼란을 일으키는 군주는 있어도 혼란한 나라 같은 건 없다. 잘 다스리는 사람이 있을지언정, 잘 다스리는 법 같은 건 없다. 명사수의 활 쏘는 방법이 사라지지 않았지만, 명사수가 세상에 존재하지는 않는다. (…) 그러므로 법은 그 자체로 홀로 존재할 수 없다. (…) 그에 적절한 사람을 얻게 되면 존속되고, 그 사람을 잃으면 사라진다.

법은 통치의 실마리이며, 군자는 법의 근원이다. 그러므로 군자가 존재하면 법이 성기더라도 두루 적용하기에 충분하지만, 군자가 없으면 법이 갖추어졌다고 해도 앞뒤로 시행할 순서를 잃고 변화에 적응할 줄 몰라 어지러워질 것이다. 법의 취지를 알지 못한 채, 법의 조문만 바르게 고집하는 경우는 폭넓게 일에 적용하려 해도 혼란스러워진다. 그러므로 현명한 군주는 사람을 얻는 데 치중하고, 어리석은 군주는 권세를 얻으려 서두른다. (《순자》, 〈군도(君道)〉)

훌륭한 제도가 공정하게 실행되는 바탕에는 유가의 이상적인 인격체인 군자, 즉, 도덕적인 품성과 카리스마를 갖춘 현명한 존재가 있음을 순자는 강조하고 있다. 아무리 좋은 제도적, 법적 장치가 있다고 하더라도 모범적인 인물이 있어야만 실질적으로 그런 제도가 구현된다는 주장을 우리는 어떻게 이해할 수 있을까? 좋은 제도가 반드시 좋은 사회를 달성한다고 유가는 믿지 않기 때문이다. 달리 말해, 예외 없이 법률을 기계적으로 집행함으로써 공동체의 질서를 강제력으로 유지하는 데에 그 목적이 있다고 보지 않는다는 말이다. 도덕적인 인격이 요청되는 이유가 자기 성찰과 반성을 통한 자발적인 감화에서 출발하여 정치 질서의 안녕으로 귀결되기 때문임을 상기할 필요가 있다. 그런데, 도덕적 군주의 통치는, 그가 아무리 존경받을 만한 인물이라 하더라도, 자의적인 전제 권력을 행사하거나, 또는 신뢰할 만한 법치가 부재한 상황을 초래할 가능성이 없었을까? 예를 통한 통치, 즉 법제화된 예는 인간의 다양한 사회적 관계를 합리적인 관습과 규칙에 기초하여 윤리적인 연결망으로 재편하려는 제도적인 노력의 일환이었다. 따라서, 이처럼 예제화된 질서는 일면 전제 권력을 무조건 정당화하기보다 군주라고 하더라도 그 질서를 따라야만 군주로 대접받게 된다는 불문법적인 공감대를 쌓음으로써 전제 권력을 도덕적, 제도적으로 제한하려는 시도였다고 해석할 수 있다. 공동체의 모든 행위자가 준수해야 할 적절하고도 품격 있는 의례를 제도적인 형식으로 규정함으로써 예는 통치자들의 정치 행위마저 제어하는 효과를 낳았다고 보는 것이다. 요컨대, 예는 피치자에 대한 도덕적 규율과 통치자에 대한 제도적 규율 모두를 관습적인 차원에서 법제화하였다.

> 통치의 근본 원칙은 예와 형이다. 군자는 그것을 사용하여 백성을 편안하게 한다. 덕을 밝히고 처벌을 신중하게 한다면 국가는 다스려졌다고 볼 수 있고, 온 세상도 평화로워질 것이다. (《순자》, 〈성상(成相)〉)

4 순자 사상의 지향 —인류의 이상적 공동체

이 글을 시작하면서, 순자는 자신의 시대가 통일을 향해 나아가리라는 것을 충분히 짐작했을 것이라고 말했다. 통일을 완성하기 위한 현실적인 방안에 일군의 사상가들이 몰두했다면, 순자는 통일이 완성된 이후의 세상은 어떠해야 하는지 고민했던 것 같다.

> 사람은 백 년도 살지 못하는데, 천 년의 세월 동안 신뢰할 사람이 있다는

것은 무슨 말인가? 그것은 천 년을 두고 이어질 법도를 스스로 지탱하여 이에 천 년을 두고 믿게 되는 사람이 있게 되는 것이다. 그러므로 예의를 쌓아가는 군자와 정치를 하면 곧 왕자가 되고 바르고 성실하며 신의가 온전한 사람과 정치를 하면 곧 패자가 된다. 권모를 쓰며 못된 짓을 일삼는 사람과 정치를 하면 나라가 망하게 되는 것이다. (《순자》, 〈왕패(王霸)〉)

우리의 생명은 백 년을 살기도 버겁지만, 천 년을 이어갈 대계를 기획해야 한다는 순자의 발언은 단순하면서도 의미심장하다. "백성의 힘을 얻고, 백성들이 목숨을 바치려 들고, 백성들이 칭송해 마지않는 사람이 되어, 이 세 가지를 모두 얻은 사람은 천하 사람들이 따르게 되고, 왕자라고 불린다"(《순자》, 〈왕패〉)라는 말에서 순자는 지속 가능한 국가의 번영을 보장하는 본질적인 힘이 어디에서 나와야 하는지 분명하게 말하고 있다. 순자의 통찰은 지금껏 인류의 문명이 이어져 오면서 사회, 정치, 문화 등 여러 영역에서 다양한 제도와 명멸하였음에도 불변하는 원칙이라고 말할 만하다. 공동체의 지속은 공동체 구성원들의 지지 없이는 불가능하며, 그 지지는 공정에 기초하여 구성원들 서로가 쌓아온 신뢰와 인간다움에 대한 배려로 가능함을 역설하고 있다. 그러나 현실에서는 눈앞의 이익을 위해 모략을 일삼고 상대를 속이는 사례들이 부지기수다. 다양한 구성원들이 각자의 욕망을 실현하기 위해 경쟁하는 현장에서 우리는 어떻게 해야 할 것인가?

순자가 주목하는 개념은 분(分)이다. '직분'이나 '분수', 혹은 우리에게 주어진 '몫'이라고도 해석할 수 있는 이 용어는 타고난 신분이나 역량의 차이 등으로 인해 각자에게 주어진 다양한 기본값이라는 의미로도 읽을 수 있다. 이런 차이를 염두에 두고 각자가 공동체 안에서 자신의 역할을 최대한 발휘하도록 안배해야 하는 일이 공동체를 떠맡은 통치자에게 책무로 주어진다. 그 책무를 수행하는 근본적인 원리로 순자는 인간에 대한 사랑을 제시하고 있으며 그 원리는 예의(禮義)를 통해서 균형감을 갖추고 올바르게 시행될 수 있다고 말한다.

순자가 주장하는 이 모든 것들은 분명하게 미래를 향하고 있다. 우리가 안고 있는 모든 문제는 현재 당면한 문제이며 과거로부터 이어진 문제이다. 이런 사실로 인해 현실을 잊은 채 과거에 매달려서도 안 되거니와 우리 앞에 닥친 문제에만 골몰해서도 안 된다. 이 모든 사안은 결국 우리의 미래가 앞으로 어떻게 될 것인가에 관한 논의로 우리를 이끌기 때문이다. 우리에게 주어진 현재의 모든 조건은 인간이 쌓아온 역사적 성패의 퇴적물 그 이상도, 그 이하도 아님을 자각할 필요가 있다. 이런 자각은 우리에게 고개를 들어 천 년의 역사를, 앞으로도 지속할 미래를 내다보도록 만든다. 그러니 미래를 그려보는 일도 지금 여기서 벌어지는 일부터 살피는 데서 시작해야 한다. 순자의 말처럼, 백 년도 살기 힘든 사람이지만, 천 년을 두고 이어질 문명과 그 미래를 상상함으로써 우리는 천 년을, 아니 영속하는 역사에 살게 된다.

5 마무리 지으며

《순자》의 서두에는 학문을 권면하는 〈권학〉 편이 놓여 있다. 앞서 언급한 것처럼, 이런 구성은 〈학이〉 편으로 시작하는 《논어》의 전통을 이어받은 편집이라 짐작된다. 순자의 사상은 유가의 지적 전통에 충실했음을 방증하는 동시에, 통일 이후 제국의 밑그림을 그린 그의 웅장한 기획 역시 학문을 성실히 닦아야 한다는 너무도 당연한 상식에서 출발했다는 점을 상기할 필요가 있다. 공자 스스로 자신의 정체성을 '배움을 좋아하는 인간'으로 규정할 만큼, 배움은 유가 사상 전반을 연결 짓는 의미의 중추가 된다. 특히, 《순자》의 〈권학〉 편은 그런 면을 구체적으로 기술하고 있다. 자신에게 주어진 현재의 조건을 바꿀 만큼 처절한 노력을 기울여야 한다는 주문은 물론이거니와, 지금껏 경험해 보지 못했던 미지의 세계로 자신의 인식을 확장해야 한다고 요청한다. 나아가, 실질적인 학습의 중요성, 사물과 상황을 자신에게 맞게 바꾸어 이용할 줄 알아야 한다는 점, 그리고 주변 환경이 학습에 끼치는 영향도 강조하고 있다. 더욱 나은 존재로 자신을 바꾸려는 결심은 타고난 성향대로 살아가는 길에서 벗어남으로부터 시작한다. 그런 결심에 개개인의 기질적인 아둔함은 문제가 되지 않는다고 순자는 말한다. 중요한 것은 '꺾이지 않는 마음', 둔한 말도 열 배의 시간과 힘을 들여 수레를 끌면 천리마를 따라잡을 수 있다고, 성취를 얻는 것은 중단하지 않는 데 달려 있다고 말한다. 나아가, 그런 노력을 일관되게 쏟

아부을 수 있어야 한다고도 덧붙인다. 이렇듯, 유가 사상 전반을 관통하는 배움은 인격의 성숙과 문명의 진전 모두를 추동하는 기저를 형성한다.

더욱 나은 세상과 인격을 상상한다는 점에서 '배움'에는 세대와 세대를 이어가는, 역사를 통한 문화의 전승이라는 또 다른 의미가 담겨 있다. 예컨대, 〈권학〉의 첫머리를 장식하는 "청출어람"이라는 유명한 문장은 자신이 익힌 학문이 앞 세대보다 더욱 웅숭깊어야 함을 뜻할 뿐만 아니라, 시간의 흐름 속에서 더욱 나은 후진들이 나오리라는 믿음과 더불어 그들에게 기꺼이 자리를 내어주어야 한다는 의미도 함께 담고 있다. 자신의 시대에 자신은 푸른 빛으로 빛나야 하지만, 미래 세대를 위해 기꺼이 쪽나무의 역할도 맡을 줄 알아야 한다. 교육을 통한 세상의 변화는 하루아침에 이루어질 수 없기 때문이다. 이렇게 세대를 이어가며 전해야 할, 게다가 더욱 나은 방향으로 진전을 이루어야 할 인류의 문명과 학술은 완만하고도 도도히 흐르다가 역사의 부침을 겪으며 급류에 휩쓸리기도 한다. 그런 시대의 한복판을 관통하며 살아야 하던 지식인은 어떠해야 했을까?

역사의 모든 변곡점이 그렇듯이, 한 시대가 종언을 고한다는 것은 새로운 시대가 열린다는 의미이다. 그런 시대에, 지식인들은 막이 내려온 무대 뒤에 뒹구는 수많은 소품을 분류하고 정리하는 청소부의 역할을 맡을지, 새롭게 선보일 작품을 기획하는 연출을 맡을 것인지 자신의 소임을 고민하게 된다. 순자는 깊이, 그리고 멀리 내다보았다. 자기 시대의 문제를 넘어서서, 통일 이후의 제국을 꿈꾸었으니 말이다. 공자나 맹자처럼 성인으로 추앙받으며 역사의 전면을 장식하지는 못했지만, 문명의 긴 흐름을 통찰하면서 그가 괴어 놓은 주춧돌 위에 유가 문명의 기둥을 세울 수 있었다고 해도 과언은 아니다. 그 기둥은 한나라 이후 청나라까지 이어지는, 의례와 대의명분을 표방하는 국가적 이념이 되었다. 한대(漢代) 이후 역대 중국 왕조의 통치는 한마디로 "겉으로는 유가, 안으로는 법가(外儒內法)"의 원칙에 따라 이루어져 왔다고 말할 수 있다. 이처럼, 유교 이념을 제도적 형식으로 구현하려 했던 '예제화된 통치', 또는 '예의 법제화'는 이상과 현실의 조화와 균형을 도모하였던 순자의 사유 위에서 구축되었다.

이 글은 일반 독자가 《순자》를 읽어보고 싶은 마음이 들도록 이끄는 데 있다. 그렇다면, 《순자》를 오늘날 다시 읽는다는 것은 어떤 의미일까? 순자에게서 현대 사회가 당면한 문제의 해법을 찾으려 든다거나, 자의적으로 끼워 맞추어 각자의 관심에 맞는 답안을 제시하려 드는 것은 가당찮다. 달리 말해, 무언가 당장 필요한 쓸모를 찾으려 책을 집어 든다면 실망하게 될지도 모른다. 우선은 별 뜻 없이 읽어보기를 바란다. 인간사의 엄청난 통찰과 시대적 고뇌를 해결하는 비법을 발견하리라는 기대로 소설을 집어 들지는 않는 것처럼, 그냥 재미 삼아 읽어보기를 권한다. 소설 속에서도 우연히 예기치 않는 감동과 경험을 통해 깨달음을 얻는 경우가 있기도 하지만, 딱 그만큼, 책을 읽다가 소중한 경험을 얻게 된다면, 더할 나위 없을 것이다. 그래서 순자와 그가 살던 시대의 이야기가 궁금해지면, 다른 책을 통해서 조금씩 그의 삶과 시대를 그려볼 수 있는 정보를 얻어가기를 바란다. 그렇게 읽어가다 보면, 조금 더 깊게 읽어갈 수 있을 것이다. 전문 연구자가 아니더라도 '순자'를, 그리고 그가 살던 시대를 조금 더 입체적으로 역사화해 낼 수 있다면, 이미 고전을 통해 역사와 사상에 대한 나름의 관점을 구축해 내는 독자가 되었다고 말할 수 있을 것이다.

고전이 주는 소중한 경험 가운데 하나가 흥미로운 서사라고 나는 생각한다. 그 서사를 그저 통째로 툭 던져 준다기보다 우리 스스로 조금씩 구성하게끔 유혹하는 힘을 고전은 가지고 있다고 믿는다. 철학이든, 역사학이든, 심지어 물리학, 수학이라고 하더라도 흥미로운 서사를 가진 이야기로 제공된다면, 재미있게 읽어나갈 수 있으리라고 생각한다. 이런 과정은 긴 호흡으로 숨 쉬는 법을 배우는 일과 다르지 않다고 생각한다. 한두 줄만 읽고 처박아 두었는데도 자기 삶의 어떤 계기가 다시 그 고전의 구절을 불러내는 경험을 한 적이 있는가? 그 책을 처박아 두었던 만큼의 시간 동안 당신은 성장한 것이고 그런 성장의 과정에서 당신은 그 고전과 다시 조우하게 된 것이다. 그래서 고전은 늘 다시 읽는 책이어야 한다.

참고 문헌

- 王先謙.《荀子集解》. 中華書局, 2008.
- 李滌生.《荀子集釋》. 學生書局, 2014.

더 읽어보기

순자 원전을 번역한 한국어 번역본으로 다음의 책을 추천한다.

순자.《순자》. 이운구 옮김. 한길사, 2006.
순자.《순자》. 김학주 옮김. 을유문화사, 2008.
왕선겸.《순자집해》 전7권. 송기채 역주. 전통문화연구회, 2015–2020.

순자 영어 번역본으로는 다음의 책을 추천한다.

Hutton, Eric. trans. *Xunzi: The Complete Text*. Princeton University Press, 2014.
Knoblock, John. *Xunzi: A Translation and Study of the Complete Works*. Stanford University Press, 1988.

순자의 사상과 내용을 쉽게 파악하기 위한 책을 다음과 같이 추천한다.

김철운.《순자와 인문세계》. 서광사, 2003.
우치야마 도시히코.《순자교양강의》. 석하고전연구회 옮김. 돌베개, 2013.

윤무학. 《순자》. 성균관대학교출판부, 2004.
장현근. 《순자, 예의로 세상을 바로잡는다》. 한길사, 2015.
채인후. 《순자의 철학》. 천병돈 옮김. 예문서원, 2000.

순자 전후 중국고대사상사를 이해하기 위한 책으로 다음 3권을 추천한다.

리쩌허우. 《중국고대사상사론》. 정병석 옮김. 한길사, 2005.
벤자민 슈워츠. 《중국고대사상의 세계》. 나성 옮김. 살림, 1996. 제7장 유가 신념의 수호.
앤거스 그레이엄. 《도의 논쟁자들》. 나성 옮김. 새물결, 2015. 3장 2절 순자의 유가.

범죄와 형벌

체사레 베카리아의 생애와 사상

송효종

1 작가 소개 및 작품 배경

체사레 베카리아(Cesare Beccaria)는 1738년 3월 15일, 이탈리아 밀라노에서 태어났다. 베카리아의 집안은 매우 부유하지는 않았지만 귀족 신분의 집안이었고, 이에 베카리아는 경제적으로 큰 어려움 없는 유년 시절을 보냈다. 베카리아는 8살이 되던 해, 밀라노를 떠나 파르마에 있는 제수이트계 학교에 보내져 교육을 받기 시작했고, 20살이 되던 1758년에 이탈리아 파비아에 위치한 유서 깊은 파비아대학에서 법학 학사 학위를 취득했다. 학위를 취득한 이후 1761년에는 결혼을 하여 가정을 이루게 되었고, 3년 후인 1764년, 26세가 되던 해에《범죄와 형벌》을 저술했다.

베카리아는 교육 및 공공 실무 영역에서 여러 일들을 맡아 수행하기도 했다. 1768년에는 밀라노의 중심가에 위치한 팔라틴스쿨 공공경제 및 상업학과의 학과장직을 맡아 강의를 하기도 했고, 1777년에는 밀라노의 경제 및 노동정책을 담당하는 최고경제위원회에 소속되어 공무원으로 활동하기도 했다. 이후 1794년, 밀라노에서 56세를 일기로 생을 마치게 될 때까지 베카리아는 주로 공공 영역에서 일하면서 경제 및 사법 제도를 정비하고 개선하는 역할에 헌신했다.

《범죄와 형벌》이 출간되던 당시의 시대적 배경을 살펴보자. 먼저 베카리아가 활동하던 18세기 중반은 '계몽주의'와 '사회계약론'이 인간의 이

체사레 베카리아

성과 존엄성, 국가의 역할 등에 대한 사람들의 인식에 중요한 영향을 주던 시기였다. 계몽주의에서는 기존의 가치, 제도, 규범 등에 대한 무지성적이고 비과학적인 맹목적 믿음을 거두고 인간의 이성을 통해 사회의 불합리한 부분들을 변혁해야 함을 강조했다. 특히 계몽주의자들은 교육을 통해 이러한 인간의 이성, 합리성을 회복하고 사회의 변화를 이끌어 내야 한다는 점을 주장하였는데, 이러한 교육에 대한 강조는《범죄와 형벌》에서도 잘 나타난다.

또한 사회계약론에서는 인간은 존엄한 존재이며 자유와 행복을 추구하는 기본적 권리가 부여되어야 하는 존재라는 것을 전제로 사회란 구성원들 간의 계약을 통해서 구성된다고 주장한다. 즉, 사회 혹은 국가라는 공동체가 존재하는 이유는 자연 상태에서의 소위 '만인에 대한 만인의 투쟁 상태'에서 구성원들의 안전을 보장하기 위함이며 이를 위해 국가는 강제력을 행사할 수 있어야 하는데, 이는 사회 구성원들이 자신의 기본권이 국가에 의해 제약될 수 있다는 것을 수용할 때만 비로소 가능해진다는 것이다. 안전 보장을 위한 기본권의 일부 제약이라는 계약이 성사될 때 국가는 비로소 그 권한과 강제력을 부여받게 되고, 이것이 국가가 형성되고 존재하는 가장 근본적인 이유라는 점을 사회계약론은 이야기한다.

하지만 이것은 국가가 어떤 경우라도 구성원들의 기본권을 제약할 수 있다는 의미는 아니다. 사실 사회계약론에서 더욱 강조되는 것은 국가의 강제력 사용에 대한 엄격한 감시와 견제이다. 인간은 그 자체로 존엄한 존재이며 자유와 행복을 추구할 권리를 부여받기 때문에 국가의 강제력은 함부로 남용되어서는 안 되며 구성원들의 생명과 재산을 지키는 목적에 한해서만 제한적으로, 엄격한 기준과 절차를 따라 사용되어야 한다.

예를 들어 형사처벌을 부과하는 데 있어서 국가는 법에 정해진 기준과 절차에 따라 죄인에게 형벌을 부과하고, 이는 공동체를 안전하게 지킬 수 있는 적정한 수준에서 부과되어야 한다. 이러한 목적을 넘어서 형벌이 인간의 존엄성과 기본권을 해칠 정도로 과도하게 엄격하거나 잔인한 형태로 부과되는 것은, 사회계약론에 따르면, 국가가 구성원들에게 위임받은 강제력을 남용하는 것이다.

베카리아는《범죄와 형벌》을 저술하는 과정에서 당시 밀라노의 계몽주의자로 유명했던 피에트로 베리, 알레산드로 베리 형제의 직접적인 지원을 받은 것으로 알려져 있다. 또한 루소나 몽테스키외 등 당대 널리 알려진 사회계약론자들에게 받은 사상적 영향은《범죄와 형벌》에서 다루어지는 형벌의 목적과 원리에 대한 그의 견해에서 잘 드러난다.

특히 베카리아는 '앙시앵 레짐'이라 불리는 구체제에서 행해졌던 잔혹한 형벌과 비이성적인 형사사법 절차에 대해 강한 문제의식을 가지고 있었고 이러한 부분들을 변화시켜야 한다고 생각했다. 즉, 구체제에서 빈번하게 시행되어 왔던 잔혹한 고문과 처형 등으로 대표되는 야만적인 신체형이나 자의적이고 불투명하게 진행되어 온 수사 및 재판 절차상의 관습들은 범죄를 효과적으로 예방하여 공공의 안전을 도모하는 것에 도움이 되는 것이 아니라 오히려 이를 방해하는 것이라고 생각했다.

베카리아는 통치자가 이성적이고 합리적인 법적 절차에 따라 형벌을 집행할 때 범죄를 효과적으로 통제하고 예방할 수 있을 것이라는 주장을 하고 있다. 그리고 형벌이 이성적이고 합리적인 절차를 통해 집행될 때 공공의 안전이라는 공동체의 가장 중요한 목적을 달성할 수 있다고 보고 있다. 베카리아가 그랬던 것처럼 형벌은 아마도 범죄를 통제하는 방법에 있어 우리들이 가장 먼저 떠올릴 수 있는 부분일 것이다. 그렇다면 어떤 형벌이, 혹은 어떤 형벌의 속성들이 범죄를 효과적으로 통제하는 데 중요한 역할을 하는 것일까? 베카리아는 효과적인 형벌의 조건에 대해 이야기하기 위해 먼저 인간 행동에 대한 보편적 원리와 공동체가 지향하는 보편적 목표를 이야기하고 있다. 바로 이 두 보편성 요소들이 《범죄와 형벌》을 이해하는 첫 번째 중요 포인트라고 할 수 있다.

2 합리적 행위로서의 범죄, 공리적 목표를 위한 형벌

형벌의 원리를 이해하기 위해서 베카리아는 인간 행위가 결정되는 원리에 관한 이야기를 시작한다. 즉, 범죄는 인간의 여러 행위 중 하나의 행위이며 인간이 왜 범죄를 저지르는지를 알기 위해서는 인간의 행위가 어떤 방식으로 이루어지는지를 이해해야 한다는 것이다. 그리고 만약 형벌을 통해 범죄를 효과적으로 억제하려고 한다면, 형벌은 이러한 인간 행위의 메커니즘에 대한 이해를 바탕으로 범죄를 억제할 수 있는 조건들을 포함해야 한다고 주장한다.

베카리아는 인간이 감각적인 존재라는 점에 주목했다. 즉, 인간이라는 존재는 고통을 회피하고 행복, 즐거움, 쾌락, 이익 등 자신에게 긍정적인 자극을 줄 수 있는 바를 추구한다는 것이다. 고통을 회피하고 쾌락을 추구하는 것은 인간의 행위를 설명하는 데 가장 보편적인 원리로서 이해될 수 있으며, 따라서 범죄를 저지르는 사람이건 법을 준수하면서 살아가는 사람들이건 이러한 쾌락 추구와 고통 회피는 그들의 행동을 설명하는 데 보편적으로 적용될 수 있다.

그렇다면 범죄인의 경우 그들의 범죄 행위를 설명하는 데 있어 이러한 원칙은 어떻게 적용될 수 있을까? 아마도 범죄인들에게 범죄는 쾌락 추구를 위한 행위 중 하나로 이해될 수 있을 것이다. 즉, 금전적 이익이나 권력

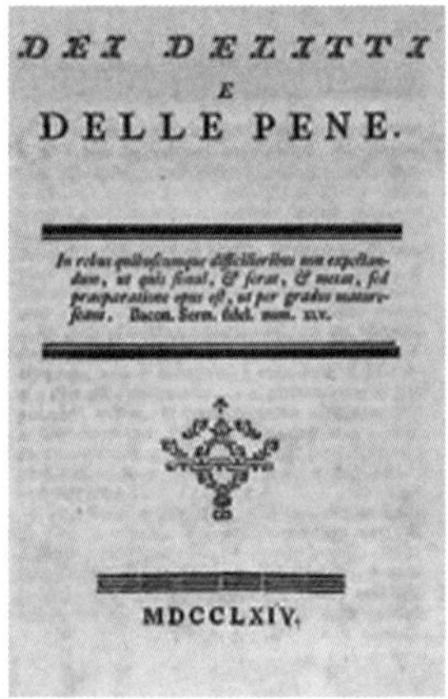

《범죄와 형벌》

을 획득하기 위한 행위, 혹은 원한을 갚거나 성적 욕망을 채우기 위한 행위 등 대부분의 범죄 행위는 광범위한 범위에서 쾌락을 추구하고 이를 충족하기 위한 행위로 볼 수 있다는 것이다.

다만 현실에서 쾌락 추구는 종종 부정적인 결과로 이어지기도 한다. 예를 들면 우리가 수면 욕구의 충족을 위해 수면 시간을 충분히 가질 수 있겠지만, 만약 시험이나 중요한 일을 앞두고 있는 상황에서 이러한 쾌락의 추구는 일에 집중할 시간을 줄여 결과적으로 좋은 성과를 내지 못하게 할 수 있다. 이렇듯 현실에서 쾌락의 추구는 종종 부정적 결과와 이로 인한 고통을 수반하기도 한다.

범죄도 마찬가지이다. 범죄 행위를 통해 각종 쾌락을 얻을 수 있음에도 불구하고 대부분의 사람들이 범죄를 저지르지 않는 이유는 바로 쾌락에 뒤따르는 대가를 고려하기 때문일 것이다. 즉, 범죄를 저지르고 붙잡히게 될 경우 받게 될 처벌과 이로 인한 고통이 범죄를 저지름으로써 얻을 수 있는 쾌락을 넘어설 경우, 사람들은 범죄를 저지르지 않을 것이라고 예상할 수 있다. 베카리아가 생각했던 범죄 행위가 결정되는 과정은 바로 이러한 쾌락과 고통의 양을 비교하고 어떤 부분이 더 클지 판단할 수 있는 인간의 합리적 사고 능력을 전제로 하고 있다.

오늘날 이러한 인간의 합리적 사고에 기반한 범죄 행위의 설명은 매우 당연한 이야기처럼 들릴 수 있겠지만 이러한 생각이 언제나 보편적으로 받아들여져 왔던 것은 아니었다. 중세와 근세까지 범죄자는 보통의 인간으로 취급되지 않았다. 범죄는 악령과 같은 사악한 초월적 힘에 의해 발생된다고 보았고 범죄자는 신의 규범을 거역한 반역자, 악마, 마녀 등으로 여겨졌다. 이러한 이유로 범죄자들은 비이성적이고 잔혹한 형벌의 대상이 되었다.

그러나 근대 계몽주의, 자연주의의 영향으로 인간은 합리성을 가진 존재이며 범죄자 역시 다른 비범죄인들과 마찬가지로 합리성을 가진 존재라는 인식이 점차 받아들여지기 시작했다. 그리고 인간이 합리적으로 사고할 수 있는 능력을 가진 존재라는 인식을 기반으로, 범죄자와 그들의 범죄 행위가 어떻게 다루어져야 하는지에 대한 논의들도 이루어지게 되었다. 베카리아 역시 이러한 인간의 합리성에 기반하여 범죄 행위를 이해하고 설명하려 시도했다.

인간의 행위에 대한 관점과 더불어 공동체와 제도의 지향점에 대한 이해 역시 범죄 통제에 대한 베카리아의 제안을 이해하는 데 중요한 요소라고 할 수 있다. 사회계약론을 이야기하면서 언급했지만, 국가나 사회는 만인의 만인에 대한 투쟁 상태에서 개인의 생명과 재산을 보호하고 안전을 보장해 주는 역할을 해야 하며, 공동체에서 운영되는 제도는 다수의 공동체 구성원의 행복을 최대로 높이는 것을 목표로 해야 한다.

베카리아는 이 '최대 다수에 의해 공유된 최대 행복'이라는 공리주의적 관점이 공동체와 제도의 보편적인 지향점이 되어야 한다고 생각했다. 따라서 이 원리는 법의 제정과 집행에도 마찬가지로 적용되어 법은 최대 다수의 최대 행복이라는 목표를 실현하는 도구로 사용되어야 하며, 범죄자에 대한 처벌 역시 이러한 공리적인 목표를 실현하는 행위로 이해되어야 한다고 베카리아는 주장한다. 즉, 범죄자의 처벌 역시 범죄로부터 공동체 구성원을 지키고 그들의 행복을 증진시키는 부분에 초점을 맞추어야 한다는 것이다.

베카리아는 특히 범죄자에 대한 처벌이 철저하게 법의 테두리 안에서 집행되어야 한다고 보았다. 그렇지 않다면 자칫 공공의 복리를 명분으로 불명확하고 자의적인, 그리고 잔혹한 처벌이 난무하게 될 것이며 형벌은 소수 힘을 가진 사람들의 욕망을 실현하기 위한 도구로 전락하게 될 것이라고 경고했다. 이는 분명 최대 다수의 공동체 구성원에게 최대의 행복을 부여한다는 목표에 배치되는 것이라 할 수 있다. 따라서 형벌이 어떤 목적을 가져야 하며, 어떤 형태로 부과될 때 이 '최대 다수의 최대 행복'이 가장 효과적으로 실현될 수 있는가에 대하여 베카리아는 심도 있게 논의했다.

다시 말해 베카리아는 쾌락 추구와 고통 회피라는 인간 행위의 보편적 원리를 중심으로 범죄 행위의 메커니즘을 설명하였고, 최대 다수의 최대 행복이라는 공동체의 근본적인 목표를 중심으로 형벌의 목적은 무엇이 되어야 하며 이 목적을 달성하기 위해 형벌이 어떻게 부과되는 것이 바람직한지에 대해 이야기했다.

인간 행위의 원리에 대해 조금 더 이야기하자면, 앞서 언급했던 것처럼 베카리아는 인간 행위가 인간의 합리성에 기반하여 내린 결정 혹은 선택으로서 이해될 수 있다고 생각했다. 즉, 이것은 사람이라면 누구나 자유의지를 가지고 자신의 행위를 통해 쾌락을 극대화하고 고통을 최소화하려고 한다는 것을 의미하며, 인간의 행위는 이러한 고통에 수반되는 비용과 쾌락에 의해 기대되는 편익을 계산한 결과에 기반하여 결정된다는 것을 의미한다. 다시 말해 고통과 쾌락의 합산이 플러스인지 마이너스인지에 따라 인간의 행위가 결정된다는 것이다.

범죄 행위 역시 인간의 합리적 행위의 한 유형으로서, 잠재적 범죄자는 범죄를 통한 쾌락과 욕망의 실현을 기대하며, 범죄에 대한 동기를 갖게 되고, 이러한 범죄에 대한 기대 편익이 그로부터 예상되는 비용을 상회할 때 범죄 행위가 본격적인 대안으로 고려된다. 따라서 잠재적 범죄자의 이러한 합리적 계산 과정을 통해 결정되는 범죄 행위를 막기 위해서는 범죄에 의해 기대되는 편익을 상회하는 직접적인 대가, 즉 고통이 부과될 필요가 있다. 형벌은 바로 국가가 발생시키는 범죄에 대한 대가이자 비용으로 잠재적 범죄자들이 그들의 행위를 스스로 억제하게끔 하는 가장 중요한 요소가 된다.

이러한 인간의 합리성과 범죄 행위의 선택에 대한 아이디어들은 '고전주의 범죄학(classical criminology)'이라 불리는 범죄학 주요 학파의 근간이 되었다. 고전주의 범죄학에서는 합리적 선택을 하는 범죄자를 가정하고, 이들의 범죄 행위 결정에 영향을 미칠 수 있는 다양한 유형의 비용 및 편익 요소들을 제시하며, 이러한 비용과 편익의 요소에 개입함으로써 효과적으로 범죄를 억제하고 예방할 수 있다고 본다. 최근 고전주의 범죄학을 기반으로 한 연구들은 범죄 기회(criminal opportunities)를 높이는 특정 생활 패턴이나 환경, 상황 조건 등을 탐색하고 이러한 부분들에 대한 개입을 통해 범죄를 줄일 수 있는 방법을 연구하고 있다. 또한 경찰력의 효율적인 배치 및 운용, 적절한 처벌의 형태 및 엄격성의 수준이 범죄 발생에 어떤 변화를 미치는지 등에 대한 연구 등도 진행하고 있다. 이러한 연구들을 바탕으로, 즉각적으로 잠재적 범죄자의 범죄 행위 선택을 억제하는 요소들을 찾아내고 여기에 개입할 수 있다면 보다 확실하게 범죄를 줄이고 안전한 사회를 만들 수 있다는 것이 고전주의 범죄학의 관점이라고 할 수 있다.

이렇게 범죄 행위는 범죄자의 개인적 차원에서 보면 쾌락과 고통의 기댓값을 계산하여 결정한 합리적 선택이겠지만, 사회적 차원에서는 공공의 안녕을 위협하는 행위이며 최대 다수의 최대 행복이라는 보편적 목표에 위해를 가하는 행위이다. 따라서 사회는 형벌이라는 고통을 부여하는 수단을 활용하여 인간의 욕망을 제한하고 범죄를 억제하여 궁극적으로 최대 공동체 구성원의 최대 행복이라는 공리적인 목표를 달성할 수 있도록 해야 한다.

하지만 앞서도 언급했듯이 형벌이 필요 이상으로 잔혹하고 비이성적으로 부과되어서는 안 된다는 점을 베카리아는 강조한다. 베카리아가 이러한 주장을 하는 가장 큰 이유는 잔혹한 형벌은 범죄를 효과적으로 억제하지 못하기 때문이며 이는 앞서 언급한 공리주의적 목표를 달성하는 데 도움이 안 되는 것이라고 보았기 때문이다.

형벌의 엄격성에 대해 베카리아는 범죄의 심각성에 비례하여 형벌의 엄격성이 적용되어야 한다는 점을 강조했다. '비례성 원칙'이라 불리는 이러한 형벌의 원칙은 잔혹한 형벌이 범죄를 효과적으로 억제하지 못하며 범죄의 심각성에 따라 형벌이 비례해서 엄격해질 때 비로소 범죄가 효과적으로 억제될 수 있다고 보고 있다.

범죄의 내용에 관계없이 최고 수준의 엄격하고 잔혹한 형벌이 무분별하게 부과될 경우, 앞서 언급했듯이 형벌은 권력의 칼자루를 쥔 소수 인간의 욕망을 실현하는 도구로 남용될 위험이 있으며 이는 사회 구성원 다수의 최대 행복을 추구해야 한다는 국가와 제도의 궁극적 목표에 위배되는 결과를 낳을 수 있다. 다른 한편으로, 잔혹한 형벌이 무분별하게 부과될 경우 이러한 상황을 필사적으로 피하기 위해 범죄자가 추가적인 범행을 저지를 수 있다는 점 역시 베카리아는 언급하고 있다. 경찰에 잡히지 않기 위해 목격자나 관련자를 추가로 살해하는 범죄들이 이러한 경우에 해당된다고 할 수 있다. 즉, 처벌이 정도 이상으로 잔혹하다면 범죄자는 어떤 수를 써서라도 잡히지 않으려 할 것이고 이를 위해 모든 수단과 방법을 동원하려 할 것이다. 이러한 동기는 범죄자들이 추가적인 범행을 저지를 가능성을 더욱 높일 것이다. 따라서 이는 궁극적으로 사회의 안전을 더욱 위협하는 결과를 초래할 수 있다.

이렇게 잔혹하고 비이성적이며 무분별한 형벌의 부과는 범죄를 억제하고 사회를 안전하게 하여 구성원들의 행복 증진에 기여하는 것이 아니라, 오히려 더 많은 부작용을 낳게 되고 사회의 불안을 더욱 높이게 될 것이라고 베카리아는 생각했다. 이러한 문제의식을 바탕으로 베카리아는 그렇다면 과연 형벌을 어떻게, 얼마만큼 부여할 때 가장 효과적으로 범죄를 억제할 수 있는가를 설명한다. 즉, 베카리아는 형벌이 어떤 목적을 지향해야 하며, 이러한 목적을 달성하기 위해서 형벌은 어떻게, 그리고 얼마만큼 부여되어야 하는지에 대해 구체적으로 논의하고 있다.

3 효과적인 형벌의 요건

그렇다면 베카리아가 생각했던 효과적인 형벌의 요건은 무엇이었을까? 《범죄와 형벌》에서 베카리아는 다음과 같이 이야기한다.

> 형벌의 목적은 오직 범죄자가 시민들에게 새로운 해악을 입힐 가능성을 방지하고, 타인들이 유사한 행위를 할 가능성을 억제시키는 것이다.
>
> (《범죄와 형벌》, 175)

이는 형벌의 목적이 범죄의 억제와 예방에 있다는 것을 명시하면서, 동시에 형벌을 통한 두 가지 유형의 억제 메커니즘에 대해 말하고 있는 것이다. 먼저 첫 번째 유형으로는 '일반억제(general deterrence)'라 불리는 것으로 형벌은 일반 시민들을 대상으로 그들이 범죄를 저질렀을 경우 발생될 결과, 즉, 고통의 내용을 알려줌으로써 그들이 범죄를 대안으로 생각하지 못하도록 억제하는 역할을 한다는 것이다. 예를 들어 만약 일탈 청소년들이 강하게 처벌된다면 비일탈 청소년들은 이러한 결과를 지켜보면서 일탈을 하게 되면 큰 고통과 손해가 발생한다는 사실을 인지하게 될 것이고 이로 인해 계속 일탈에 관여하지 않게 된다는 것이 바로 일반억제의 논리이다.

한편 '특수억제(specific deterrence)'라 불리는 부분은 형벌을 받은 개별 범죄자들에게 적용되는 것으로, 형벌을 통해 이후의 범죄가 발생시킬 수 있는 고통을 직접적으로 인지하게 함으로써 이들이 같은 행위를 반복하는 것을 억제하게 만드는 것을 의미한다. 즉, 특수억제는 개별 범죄자들을 대상으로 하는 형벌의 억제 효과로서, 기부과된 형벌을 통해 개별 범죄자들로 하여금 그 고통을 가늠할 수 있게 하고, 이러한 경험을 통해 다시는 같은 범죄를 저지르지 않게 하는 것을 말한다. 일탈 청소년의 예를 다시 활용하자면, 만약 일탈 청소년들에게 강하고 확실한 처벌이 가해진다면, 이들 일탈 청소년들은 자신의 경험을 통해 일탈 행위에 가담할 경우 많은 손해와 고통이 따르게 된다는 것을 알게 될 것이고 이러한 형벌의 경험을 통해 일탈로부터 멀어지게 되리라는 것이 형벌의 특수억제에 대한 기대이다.

정리하면, 범죄를 억제하여 안전한 사회를 만드는 목표를 달성하기 위한 국가의 강제력 수단이 바로 형벌이며, 형벌은 크게 일반억제와 특수억제 효과를 통해 범죄를 억제할 수 있다고 기대된다. 그리고 이러한 억제의 효과는 모든 인간이 합리적으로 생각하고 행동한다는 전제를 바탕으로 하고 있다. 즉, 범죄인과 비범죄인 모두 합리성을 가진 인간이기 때문에 만약 국가의 형벌이 범죄 행위에 대해 적절한 수준의 고통을 부과한다면, 이들은 이러한 조건을 그들의 행동을 결정하는 데 반영하게 될 것이고, 이를 통해 그들의 잠재적 범죄 행위를 억제할 수 있다는 것이다.

나아가 베카리아는 형벌을 부과하는 데 있어서 어떤 원칙이 필요한지에 대한 의견도 함께 제시하고 있다. 비례성의 원칙과 법 앞의 평등의 원칙이 그것이다. 먼저 '비례성의 원칙'이란 범죄가 사회 전체에 미친 해악을 기준으로 형벌이 비례하게 부과되어야 한다는 것을 말한다. 범죄 행위에 비해 지나치게 가혹하고 엄격한 형벌이 부과될 경우 사회 전체에 미칠 수 있는 부정적 영향은 공동체의 궁극적 지향점인 최대 공동체 구성원의 최대 행복이라는 부분을 오히려 침해하게 되기 때문이다. 베카리아는 다음과 같이 이야기한다.

> 형벌 및 그 집행의 수단은 범죄와 형벌 간의 비례 관계를 유지하면서, 인간의 정신에 가장 효과적이고 지속적인 인상을 만들어내는 동시에, 수형자의 신체에는 가장 적은 고통을 주는 것이어야 한다. (《범죄와 형벌》, 49)

즉, 형벌은 범죄자들에게 지속적으로 '범죄 행위는 하면 안 된다'는 인지를 심어줄 수 있을 만큼만의 고통을 부과하는 것이어야 한다는 것이다. 불필요하게 가혹하고 심각한 형벌은 비록 이러한 인지를 심어주는 부분에 대해서는 가능할 수 있겠지만, 권력의 남용 및 추가 범죄의 발생 등 다른 부정적 효과들을 야기할 가능성을 높이게 된다. 베카리아가 비례성의 원칙을 이야기한 것은 범죄와 형벌이 균형을 맞출 때 이러한 부정적 효과들이 최소화될 수 있으며, 이를 통해 결과적으로 효과적인 범죄 억제가 가능하다고 보고 있기 때문이다.

또한 베카리아는 '법 앞의 평등의 원칙'을 이야기하며, 누가 범죄를 저질렀는가에 상관없이 동등하게 법의 원칙에 따라 형벌이 부과되어야 함을 이야기한다. 이는 원칙적으로 매우 당연한 이야기인 것 같지만, 과연 오늘날에도 모든 사람이 법 앞에 동등하게 대우받는지에 대해 질문을 던졌을 때 흔쾌히 그렇다고 대답하기엔 어려울 것 같다. 베카리아에 따르면, 법 앞의 평등 원칙이 중요한 것은 그것을 통해 법의 위상이 높아지고 법이 더욱 권위 있게 될 수 있으며, 이를 통해 법의 정당성(legitimacy)이 높아지게 되어 범죄를 억제하는 데 더욱 강력한 힘을 발휘할 수 있게 되기 때문이다. 즉, 법 앞의 평등 원칙이 잘 지켜지게 된다면 사회의 구성원들은 자발적으로 법을 존중하고 따르게 될 것이며, 이렇게 높아진 법의 정당성을 통해 범죄 역시 효과적으로 억제될 수 있다는 것이다. 이러한 베카리아의 주장은 법 집행의 정당성, 경찰에 대한 신뢰 인식이 높은 지역에서 실제로 범죄가 낮게 일어난다는 많은 경험적 연구 결과들에 의해 뒷받침되고 있다.

나아가 베카리아는 오히려 계급이 높은 사람들이 저지르는 범죄를 더욱 엄하게 처벌해야 한다고도 주장했다. 무려 300여 년 전에 제기된 이러한 베카리아의 진보적이고 혁신적인 주장은 오늘날 우리 사회에서 형사사법 체계가 어떻게 운영되어야 하는가에 대해 시사하는 바가 크다.

형벌의 비례성의 원칙과 법 앞의 평등 원칙에 더불어 베카리아는 구체적으로 효과적인 억제 효과를 발휘할 수 있는 형벌의 구성 요소에 대해서도 논의한다. 처벌의 3요소라고 불리는 처벌의 신속성, 엄격성, 확실성이 바로 그것이다.

먼저 처벌의 '신속성(celerity)'이란 범죄가 발생한 이후에 처벌이 얼마나 신속하게 이루어지는가에 대한 부분이다. 즉, 처벌이 신속하게 이루어질수록 범죄 발생은 억제된다는 것이다. 만약 범죄가 발생한 직후에 경찰에 체포되고, 유죄 판결 및 수감 과정이 신속하게 이루어진다면, 잠재적 범죄자들이 범죄를 대안으로 고려할 가능성은 매우 낮아지게 될 것이다. 실제로 많은 범죄자들은 내가 범죄를 저지른다 해도 잡히지 않을 가능성이 높으며, 잡힌다고 하더라도 실제 처벌로 이어지기까지 재판 과정 등 오랜 시간이 소요된다는 것을 잘 인식하고 있다. 따라서 처벌을 최대한 신속하게 부과할 수 있다면 범죄자들의 이러한 인식을 바꿀 수 있게 되고, 결과적으로 이들의 범죄 행위를 억제하는 데 도움이 될 수 있을 것이다.

한편, 처벌의 '엄격성(severity)'이란 처벌을 얼마나 강하게 부과할 것인가에 대한 부분이며, 처벌이 강할수록 범죄 발생이 더 잘 억제될 것이라는 논리이다. 이는 우리가 일반적으로 쉽게 받아들일 수 있는 직관적이고 상식적인 주장이다. 하지만 베카리아는 높은 엄격성이 무조건적으로 높은 범죄 억제 효과를 가져온다고 주장하지 않았다. 대신 그는 형벌이 범죄가 만들어내는 이득을 약간 상회할 정도의 고통을 부과할 수 있는 엄격성을 가져야 한다고 지적했다. 즉, 범죄로 인해 기대되는 편익보다 약간 상회하는 고통을 처벌을 통해 부과할 때 범죄자들은 범죄를 포기하게 된다는 것이다. 따라서 처벌의 엄격성과 범죄의 억제 효과는 단순한 선형적인 관계를 의미하는 것이 아님을 기억할 필요가 있다.

마지막 요소는 처벌의 '확실성(certainty)'이다. 처벌의 확실성이란 범죄가 발생했을 때 처벌이 얼마나 확실하게 부과되는지에 대한 부분이며, 당연하게도 처벌의 확실성이 높을수록 범죄자들은 범죄 행위 이후 자신에게 가해질 고통이 확실하다는 것을 인지하게 됨으로써 그들의 범죄 행위는 억제될 것이라고 예상할 수 있다.

그렇다면 오늘날 범죄는 얼마나 확실하게 처벌될까? 처벌의 확실성을 측정하는 지표에는 여러 가지가 있지만 가장 대표적으로는 범죄자 검거율을 생각해 볼 수 있다. 우리나라의 경우, 살인, 강도, 심각한 폭행, 강간 등 중범죄 발생 건수 기준 검거율은 90%를 상회하여 매우 높은 수준이지만, 사기나 절도, 횡령 등 재산범죄의 경우, 약 30-50%가량의 범죄들이 범죄자를 검거하지 못해 해결되지 못한 상태로 남겨진다. 그럼에도 불구하고 우리나라의 범죄자 검거율은 미국 등 다른 선진국들에 비해 높은 수준이기 때문에 우리나라에서 처벌의 확실성은 높은 편이라고 할 수 있다. 이는 우리나라의 비교적 낮은 범죄율을 부분적으로 설명해 줄 수 있을 것이다. 공식적으로 보고된 범죄가 실제 발생한 모든 범죄를 완전히 나타내는 것은 아니지만, 그럼에도 불구하고 우리나라를 비교적 안전한 사회라고 말할 수 있는 것은 바로 이러한 높은 처벌의 확실성과 관련되어 있을 가능성이 있다.

처벌의 세 가지 요소인 신속성, 엄격성, 확실성을 소개하면서 베카리아는 범죄를 억제하는 데 있어 가장 중요한 요소는 처벌의 확실성이라고 이야기한다. 즉, 범죄 이후의 처벌이 확실하게 이루어진다면 범죄는 성공적으로 억제될 것이며, 특히 처벌의 엄격성과 비교해서 그 억제 효과는 더욱 크다는 것이다. 베카리아는 처벌의 엄격성만을 강화하는 것은 범죄 억제에 있어서 제한적인 효과만을 낼 것이라고 보았다.

그렇다면 왜 처벌의 확실성이 엄격성에 비해 범죄 억제에 있어서 중요할까? 이에 대해 여러 설명들이 있지만, 아마도 처벌의 확실성이 엄격성에 비해 범죄 행위로 인한 고통과 불이익에 보다 즉각적으로 연결되어 있기 때문이 아닐까 한다. 처벌의 엄격성의 경우, 일단 범죄자의 신병이 확보된 이후, 즉, 체포와 기소 이후에 얼마나 강한 형량을 받게 될 것인가에 대한 부분이기 때문에 처벌이 이루어진다는 전제를 기반으로 한 조건이다. 반면, 처벌의 확실성은 범죄자가 얼마나 확실하게 처벌을 받게 될지에 대한 부분으로, 범죄자가 처벌을 회피하는 데 있어 가장 우선적으로 고려해게 되는 사항이다. 즉, 처벌의 확실성이 크다면 어떤 정도의 처벌이든 확실하게 부과될 것이라는 의미이기 때문에 크든 작든 고통을 회피하는 범죄자들에게 더욱 확실한 영향을 미치게 된다고 볼 수 있다. 반면 처벌의 엄격성의 경우, 처벌이 아무리 엄격하다고 해도 잡히지 않기만 한다면 그

것은 아무 의미가 없는 것이기 때문에 범죄자들에게 즉각적인 고려 요소로 받아들여지지 않을 수 있다. 이러한 즉각성의 차이가 처벌의 엄격성과 확실성의 범죄 억제 효과에 차이를 만드는 중요한 지점이라고 보여진다.

그렇다면 베카리아는 형벌을 범죄를 억제하고 예방하는, 그리고 이를 통해 사회 전체의 행복에 기여하는 유일한 만능열쇠 같은 것으로 생각했을까?

앞서 언급했듯이 베카리아는 고전주의 범죄학의 대표적인 학자로 처벌 및 억제를 연구하는 범죄학 분야의 시초로 여겨지고 있고, 따라서 그의 관심사를 형벌과 이를 통한 범죄 통제에만 국한되는 것으로 생각하는 경향이 있지만, 사실 베카리아는 처벌을 통해 범죄를 억제하는 것은 부분적이고 일시적일 뿐이며 지나치게 사소하고 광범위한 행위들까지 범죄로 규정하고 처벌을 통해 규제하는 것은 범죄 예방에 효과적이지 않으며 오히려 범죄를 조장하고 법을 불공정하게 남용하게 될 가능성을 높인다고 보았다. 이에 대해 베카리아는 다음과 같이 이야기한다.

> 수많은 사소하고 무해한 행위를 금지하는 것은 후속적인 범죄를 예방하는 것이 아니라 새로운 범죄를 만들어내는 것이다. (《범죄와 형벌》, 175)

즉, 사소하고 사회적 해로움이 크지 않은 모든 일탈 행위들을 범죄로 규정하여 처벌할 경우 범죄자들이 양산될 것이며, 범죄자로 낙인찍힌 이들이 다시 더욱 심각한 범죄에 빠져들게 되는 부정적 효과 역시 낳을 수 있다는 것이다. 지나치게 법의 범위를 확장하는 것은 앞서 이야기했던 법의 정당성에 대한 사람들의 인식에 부정적 영향을 미칠 수 있으며, 또한 이렇게 넓어진 법의 영역을 악용하는 소수의 권력을 가진 사람들에 의해 불공정하게 법이 남용될 가능성 또한 배제할 수 없다. 이렇게 불필요하게, 그리고 불공정하게 새로운 범죄들을 만들고 처벌하는 것은 분명 사회 전체의 최대 행복이라는 공동체의 목표에 반하는 행위일 것이다.

따라서 베카리아는 법과 형벌이라는 수단이 제한적으로만 사용되어야 함을 강조한다. 그리고 궁극적으로는 지식의 확장, 교육을 통한 자유인을 길러내는 것이 공동체의 목표 실현을 위해 무엇보다 중요함을 역설한다. 그는 저서의 전반에 걸쳐 형벌의 목적과 효과적인 범죄 억제를 위한 형벌의 요건들에 대해 자세하게 이야기하고 있지만, 최종적으로는 형벌을 통한 범죄 억제가 일시적 억제일 뿐이라는 한계를 지적한다. 베카리아는 보다 나은 공동체를 만들어가기 위해서는 형벌을 통해 범죄를 억제하는 것보다 공동체 구성원의 도덕적 소양과 진실됨, 덕성을 고양하는 것이 더욱 중요하다고 지적한다. 그리고 그것은 교육과 지식의 교류를 통해 공동체 구성원들이 자유인으로 성장할 때 비로소 가능해진다는 점도 강조한다. 즉, 한 사회에서 스스로 덕성과 올바름의 가치를 알고 처벌과는 관계없이 양심을 통해 자신의 행동을 통제할 수 있는 사람들이 많아질 때, 범죄 문제, 나아가 당면한 여러 사회 문제들을 해결할 수 있게 된다는 것이다. 베카리아는 다음과 같이 이야기한다.

강제는 오직 가장된 복종을 그것도 일시적으로 얻어낼 뿐이다. (《범죄와 형벌》, 187)

이러한 베카리아의 통찰은 오늘날 우리들에게 다소 진부한 것처럼 들릴 수 있는 양심, 도덕성, 진실됨, 생명 존중 등에 대한 가치를 다시 한번 되새기게 하며, 이것이 궁극적으로 지식의 교류 및 확대, 교육을 통해서만 고양되고 미래의 공동체 구성원들에게 전수될 수 있다는 것을 일깨워 주고 있다. 베카리아의 위대함은 비단 그가 범죄를 억제하는 형벌의 원리에 대해 통찰을 보여주고 있다는 것에서만 드러나는 것이 아니라 그 한계 역시 정확히 이해하고, 우리가 궁극적으로 무엇을 지향하고 목표로 해야 하는지를 함께 제시해 주고 있음에서 더욱 분명하게 드러난다.

4 《범죄와 형벌》의 현재적 의미

베카리아의 사상은 오늘을 살아가고 있는 우리들, 그리고 우리 사회의 형사사법 체계 운용에 어떤 시사점을 주고 있을까? 이에 대해 가장 먼저 '엄벌주의'라고 불리는 범죄에 대한 강력한 처벌을 최우선으로 강조하는 형사사법 제도가 과연 범죄 예방에 효과적인지에 관한 질문을 던져 볼 수 있을 것 같다. 최근 자주 보도되고 있는 묻지마 범죄, 디지털 성범죄, 학교폭력 등 여러 흉악한 범죄들을 보고 있으면 이러한 엄벌주의적 주장에 힘이 실리게 되는 것은 무리가 아닐 것 같다. 즉, 강력한 형벌을 부과하면 이러한 비인간적인 범죄들이 줄어들게 될 것이라는 인식은 매우 직관적이고 자연스러운 인식이며 대중들에게 널리 받아들여진다. 이러한 흐름을 반영하듯 최근 국가에서 사형 시설을 점검한다던지, 가석방 없는 종신형의 도입 문제를 논의하거나, 청소년에 대한 형사처벌 연령의 하한선을 낮추고 형량을 강화하자는 논의들이 이루어지고 있다는 사실이 언론 보도를 통해 확인되고 있다.

하지만 베카리아도 지적하고 있듯이 이러한 엄벌주의 정책은 범죄 억제와 예방의 측면에 있어서 크게 효과적이지 않다. 현대 범죄학의 억제이론 연구들은 많은 경험적인 자료들에 대한 분석을 통해 형벌의 엄격성이 범죄 억제에 어떤 영향을 미치는지 연구해 왔는데, 이들 연구들의 공통적인 결론은 베카리아의 통찰에 부합하고 있다. 즉, 형벌의 확실성에 대해서는 분명한 범죄 억제 효과가 나타난다는 것이 확인되었으나, 반면 형벌의 엄격성은 범죄 억제 효과가 없거나 약한 수준이고, 어떤 연구에서는 오히려 범죄를 증가시키는 결과로 나타나기도 한다는 것이다.

예를 들어 최고 수준의 엄격성을 상징하는 사형의 실시 여부는 살인 및 폭력 범죄 억제 효과에 대한 확실한 경험적 증거가 확인되지 않았다는 것이 다수 연구들의 결론이며, 형량 강화를 통해 범죄자들을 대량으로 구금

하는 엄벌주의 정책 역시 범죄 억제에 미미한 효과만을 보이고 있는 것으로 나타났다. 나아가 일부 연구들에서는 이러한 엄벌주의 정책의 시행이 오히려 높은 범죄율과 연결되는 경우가 발견되기도 했다.

이렇듯 형벌의 엄격성을 높인다고 해서 범죄가 더 효과적으로 억제되는 것은 아니며, 오히려 감옥을 경험하는 사람들이 많아짐에 따라 긍정적인 사회적 교류의 기회들이 제한되거나 차단되는 경우가 많아지고, 이로 인해 이들이 다시 범죄에 가담할 가능성이 높아져 결과적으로 범죄가 증가하는 현상으로 이어질 수 있다는 것이다.

이러한 맥락에서 우리는 작금의 소년범에 대한 형량 강화와 촉법소년 적용 연령의 하향에 대한 요구를 어떻게 이해해야 할까? 물론 형량 강화가 필요한 조건들을 고려해야겠지만 단순히 형량을 높이는 것만으로, 그리고 촉법소년의 연령을 내려 그 범위를 넓히는 것만으로 청소년 범죄 문제가 개선되길 바라는 것은 무리가 있을 것 같다. 먼저 우리나라에서 청소년 범죄가 증가하고 있다는 주장은 사실과 거리가 먼 주장이다. 청소년 범죄를 여전히 매우 심각하고 중요한 사회문제라고 본다면, 무조건 처벌의 엄격성을 높여 이를 해결하고자 하는 것이 아니라 이 문제의 원인이 무엇인지를 먼저 살피는 것이 필요하다. 이것은 베카리아가 제시한 가장 근본적인 해결책, 즉, 교육을 통해 덕성과 양심, 진실의 가치를 믿는 자유인을 길러내는 것에 그동안 우리들이 소홀하지는 않았는지, 이러한 가치들보다 경쟁과 이기심, 물질중심적 가치를 강조하는 데 좀 더 치중해 오지 않았는지를 돌아보게 한다. 청소년 범죄 문제를 제대로 풀어가려면 단순히 처벌의 엄격성을 높이고 처벌 대상을 확대하는 것보다 바로 이러한 가치와 덕성의 문제를 성찰하는 것에서부터 시작해야 하지 않을까 하는 생각이 든다.

베카리아의 사상이 오늘날 우리에게 주는 의미로 생각해 볼만한 또 하나의 지점은 범죄에 대한 정의(definition)의 문제와 사회적 해악(social harm)에 대한 관심이다. 즉, 범죄는 기본적으로 법에 의해 금지되는 것을 실행하는 행위로 정의되며 사회적인 해악으로서 구성원의 생명과 재산에 위협을 가하는 대부분의 행위들이 법에 의해 금지되고 범죄로 정의된다.

그렇다면 사회적인 해악을 끼치는 모든 행위들은 다 법에 의해 금지되어 있으며 이를 위반할 경우 범죄로 처벌되고 있을까? 분명히 그렇다고 볼 수 없을 것이다. 최대 다수의 최대 행복의 원리를 해치는 사회적 해악을 끼치는 행위라 할지라도 그것이 범죄로 규정되지 않은 경우가 많고, 설사 범죄로 규정되었다 하더라도 그것이 끼친 사회적 해악의 심각성에 비해 잘 처벌되지 않거나 지나치게 관대하게 처벌되는 경우도 많이 있다.

우리들은 종종 법에 의해 정의된 범죄들에는 큰 관심과 분노를 표출하면서도 법에 정의되지 않은, 그렇지만 매우 큰 사회적 해악을 미치는 행위들에 대해서는 다소 무관심한 경향이 있다. 예를 들면 기업이나 국가에 의해 주로 이루어지는 광범위한 환경오염 문제를 생각해 볼 수 있다. 대표적으로 대기오염 문제는 매우 심각한 사회적 해악을 끼치고 있다. 연구 결과에 따르면 화석연료 사용 등으로 인한 대기오염으로 조기에 사망하는 인구는 전 세계적으로 연간 최소 3백만에서 많게는 8백만 명에 달한다고 한다. 전 세계적으로 연간 살인 범죄에 희생된 사람이 47만명 정도라고 하니 그 사회적 해악의 규모는 살인 범죄에 비해 훨씬 크다고 할 수 있을 것이다. 따라서 이러한 문제들에 대해서 우리들의 더 적극적인 목소리와 움직임이 필요하다고 할 수 있을 것이다.

오늘날 사회의 변화 속도는 매우 빠르고 다양한 개인 및 집단의 이해관계가 서로 얽히면서 사회적 해악을 미치는 다양한 유형의 행위들이 새롭게 나타나고 있다. 따라서 우리의 관심을 전통적 범죄들에만 국한시킨다면, 자칫 더 큰 사회적 해악을 야기할 수 있는 여러 비범죄 행위들을 놓칠 수 있게 되고, 이는 사회 전체에 부정적인 결과로 이어지게 될 것이다.

특히 이러한 범죄로 규정되지는 않지만 큰 사회적 해악을 끼치는 행위들은 상대적으로 힘을 가진 집단의 이해관계와 얽혀있는 경우가 많은데, 이들은 종종 법을 이용하여 그것을 합법적인 것으로 만들고 그것이 미치는 사회적 해악에 대한 대중의 관심을 떨어뜨리려는 시도를 할 가능성이 있다. 이러한 법의 정의와 사회적 해악에 대한 문제 역시 단순히 형벌의 강화를 통해서는 해결되기 어려울 것이다. 이에 대한 해결책은 다시 한번 베카리아가 강조했던 도덕성, 교육, 지식의 확장을 통해서 찾을 수 있게 될 것이라고 생각한다. 도덕성과 지식을 가진 자유롭고 양심적인 시민들이 경각심과 비판 정신을 가지고 문제 해결을 위하여 적극적으로 연대하고 협력할 때 비로소 해결의 실마리를 찾을 수 있을 것이다.

베카리아는 공동체의 공리주의적 목표, 최대 다수의 공동체 구성원의 최대 행복을 가장 중요한 지향점으로 삼으며, 전체 구성원에게 더 큰 위해를 가하는 행위일수록 더욱 강력하게 대응해야 한다는 것을 이야기했다.

아직 범죄로 정의되지 않은 많은 행위들에 대해서도 이러한 원칙은 마찬가지로 적용되어야 하며, 우리의 경각심과 비판 정신, 참여를 통해 이러한 행위들이 신속하게 법의 심판을 받을 수 있도록 행동하는 것이 오늘날 베카리아의《범죄와 형벌》이 주는 중요한 교훈이라고 할 수 있을 것이다.

참고 문헌

- 벡카리아, 체사레.《체사레 벡카리아의 범죄와 형벌》. 한인섭 옮김. 박영사, 2010.
- 조국.《조국의 법고전 산책—열다섯 권의 고전, 그 사상가들을 만나다》. 오마이북, 2022.

더 읽어보기

Bruinsma, G-. J. "Classical theory: The emergence of deterrence theory in the age of enlightenment." In D. S. Nagin, F. T. Cullen, & C. L. Jonson(eds.), *Deterrence, Choice, and Crime, Volume 23: Contemporary Perspectives*. Routledge, 2018: 3–28.

Nagin, D. S. "Deterrence in the Twenty-First Century." *Crime and Justice* 42.1(2013): 199–263.

Paternoster, R. "How much do we really know about criminal deterrence?." *Journal of Criminal Law & Criminology* 100.3(2010): 765–824.

신동준. 〈처벌의 효과—억제이론에 대한 비판적 검토〉.《형사정책》. 21. 2(2009): 191–216.

도덕적 인간과 비도덕적 사회

개인의 윤리와 집단의 도덕적 한계

윤인진

1 작가 소개 및 집필 배경

라인홀드 니부어(1892-1971)는 20세기 미국을 대표하는 개혁 신학자, 윤리학자, 정치사상가, 그리고 활동가이다. 그는 독일 복음주의 교회 목사의 아들로서 미국 미주리주에서 태어난 독일계 이민자 가정 출신이다. 그의 신학적 여정은 예일 신학대학에서 석사학위를 취득하며 본격적으로 시작되었고, 비록 박사학위를 따지는 않았지만, 그는 진보 신학의 중심지로 알려진 유니언신학대학에서 30년 동안 교수로 재직하며 독보적인 학문적 위치를 구축했다. 그의 연구와 사상은 신학적 깊이와 더불어 윤리적 실천에 중점을 두었고, 미국의 사회적, 정치적 맥락에서 그의 영향력은 매우 컸다.

니부어는 신학대학 졸업 후 디트로이트에서 목회를 시작하며, 자동차 산업의 중심지였던 이 도시에서 노동자들과 직접 마주했다. 당시 디트로이트는 GM, 포드, 크라이슬러와 같은 대형 자동차 기업들이 몰려 있는 공업도시로, 수많은 백인, 흑인, 유대인, 그리고 다양한 이민자들이 일자리를 찾아 몰려드는 곳이었다. 그가 목회했던 교회의 신도들 역시 독일계 이민자뿐만 아니라 다양한 인종과 국적의 소수자로 구성되어 있었다. 니부어는 이러한 환경 속에서 노동자들이 열악한 근로 환경과 낮은 임금으로 고통받는 현실을 깊이 목도했다.

특히 그는 포드 자동차를 찾아가 노동 환경 개선을 요청했으나 기업들

라인홀드 니부어

은 자본 축적에만 몰두하며 노동자의 고통에 무관심했다. 이 경험은 그에게 고용주의 양심에 호소하는 것만으로는 구조적 문제를 해결할 수 없다는 깨달음을 주었다. 더불어 백인 노동자들이 KKK를 조직해 흑인을 차별하고 폭력을 행사하는 현실을 목격하며, 그는 백인 우월주의에 맞서 흑인 인권운동에 앞장섰다. 이러한 경험과 활동을 바탕으로 그는 기독교 현실주의(Christian Realism)라는 신학적 사상을 발전시켰다. 이는 인간의 죄성과 사회적 구조의 한계를 인정하면서도, 이를 극복하기 위해 지속적으로 윤리적 책임을 다해야 한다는 신념에 기반한다. 니부어는 이러한 현실주의적 관점을 국제정치에도 적용해, 국제 사회의 질서는 이상주의가 아닌 힘의 논리에 의해 유지된다고 주장했다.

당시, 성서적 신앙이나 교육, 그리고 이성을 통해 사회가 자연히 개선될 것이라는 낙관주의가 널리 퍼져 있었다. 대표적으로 존 듀이(John Dewey)의 실용주의는 교육과 이성의 발전을 통한 사회적 진보를 강조했다. 그러나 니부어는 이러한 순진한 낙관론만으로는 노동자의 처우 개선과 인종 갈등 같은 현실적 문제를 해결할 수 없다고 보았다. 그는 인간의 한계를 인정하면서도 정의와 사랑이라는 기독교적 가치를 통해 현실의 문제를 직시하고 해결하려는 현실주의적 접근을 택했다.

국제정치 영역에서 니부어는 제2차 세계대전 당시 미국이 나치 독일과 일본 군국주의에 맞서 싸워야 한다고 주장했다. 그는 정의로운 전쟁이라는 개념을 옹호하며, 미국의 젊은이들에게 참전을 촉구했다. 또한 직접 종군 목사(군목)로 지원하여 전쟁에 참여하며 실천적 신앙을 보여주었다. 그의 주장은 결국 미국이 전쟁에 참전하여 연합국의 승리를 이끌고, 대량 학살, 기아, 식민 지배를 종식시키는 데 중요한 역할을 했다.

라인홀드 니부어의 사상은 이후에도 현대 신학과 정치 윤리에 커다란 영향을 미쳤다. 그는 개인의 도덕적 책임뿐 아니라 사회적 구조적 악을 직시하며 이를 극복하기 위해 끊임없이 노력해야 한다고 강조했다. 그의 대표 저서인《도덕적 개인과 비도덕적 사회》는 개인 윤리와 사회 구조 간의 긴장을 다루며, 사회 정의를 위한 현실적 접근을 제시한 중요한 작품으로 평가받는다.

니부어의 사상은 오늘날에도 정의, 평화, 그리고 인간의 한계를 이해하는 데 있어 깊은 통찰을 제공한다. 그의 기독교 현실주의는 단순한 신학적 교리를 넘어, 사회적 행동과 정치적 결단에 영향을 미치는 강력한 윤리적 체계로 자리 잡았다.

라인홀드 니부어가《도덕적 개인과 비도덕적 사회》를 집필한 1930년대 초는 세계가 정치적, 경제적으로 심각한 위기에 직면한 시기였다. 제1차 세계대전(1914~1918)은 유럽을 중심으로 세계 각국에 커다란 상처를 남겼으며, 그 여파가 채 가시기도 전에 1929년 미국에서 시작된 대공황(Great Depression,

《도덕적 개인과 비도덕적 사회》

1929-1939)이 전 세계로 확산하였다. 이에 따라 수많은 기업과 은행이 파산하고, 실직자가 급증했으며, 빈곤과 기아가 일상화되었다. 일자리를 유지한 노동자들조차 임금 삭감과 열악한 근로 조건으로 큰 희생을 감내해야 했다.

특히 대공황으로 인한 경제적 혼란은 사회적 약자에게 더욱 가혹했다. 빈곤층과 실업자는 보호받을 길이 없었고, 이러한 절망적인 상황에서 미국 대통령 프랭클린 루스벨트는 뉴딜(New Deal) 정책을 통해 경제 회복과 사회 안정화를 도모하고자 했다. 니부어는 초기에는 뉴딜 정책의 국가 개입에 비판적 견해를 밝혔으나, 뉴딜 정책이 고용 창출, 노동자의 삶의 질 개선, 그리고 노사 갈등 완화에 긍정적인 영향을 미치는 것을 목도하며 그의 사상에 중요한 전환이 일어났다. 그는 국가가 선한 의지를 바탕으로 강제력을 행사할 때, 실업, 빈곤, 사회적 갈등과 같은 구조적 문제를 해결할 수 있다는 현실적 가능성을 인식하게 되었다.

이러한 역사적 배경에서 니부어는 다음과 같은 질문에 답하고자 했다.

"개인을 집단적 억압으로부터, 소수자를 다수의 횡포로부터 어떻게 보호할 것인가? 이를 위해 국가는 어떠한 역할을 해야 하는가?" 그는 개인의 도덕적 책임과 집단의 도덕적 한계를 깊이 탐구하며, 사회문제를 해결하기 위해 개인, 국가, 그리고 집단이 지향해야 할 방향을 모색하고자 이 책을 집필했다.

2 개인과 집단의 도덕적 차이

니부어 사상의 핵심은 개인 수준의 도덕과 집단 수준의 도덕이 본질적으로 다르다는 점에 있다. 개인은 자신의 이해관계뿐만 아니라 타인의 이해관계를 고려하며, 때로는 타인의 이익을 우선시할 수도 있는 도덕적 존재이다. 그러나 이러한 개인들이 모여 형성된 집단은 본능적 욕망과 충동을 억제하거나 이성적으로 인도하는 능력이 부족하다. 집단은 상상력과 감정에 의해 지배되며, 이성이 아니라 충동과 이익에 따라 행동하는 경향이 강하다.

특히 집단의 크기가 커질수록 개인의 도덕적 판단과 윤리적 행동은 집단적 이기주의에 의해 희석된다. 집단은 보편적 가치를 대변한다고 주장하며 자신의 이기적인 행위를 정당화하려는 위선적 태도를 보인다. 더 나아가, 집단은 내부 결속을 강화하기 위해 갈등과 전쟁을 전략적으로 이용하며, 이는 집단적 병리 현상의 대표적 사례로 작용한다. 이러한 맥락에서 국제적 갈등은 민족주의와 같은 이데올로기를 통해 정당화되며, 이는 각 집단의 힘의 비율에 따라 정치적 관계로 나타난다.

니부어는 이러한 집단 간의 관계를 본질적으로 윤리적이라기보다는 정치적이라고 보았다. 집단 관계는 각 집단의 요구와 필요성을 비교 검토하여 도덕적이고 합리적인 판단으로 수립되는 것이 아니라, 각 집단이 보유한 힘의 비율에 따라 결정된다. 따라서 소수 집단이 다수 집단으로부터 억압받고 착취당하는 이유는 자신을 보호할 충분한 힘을 갖추지 못했기 때문이며, 자신을 보호할 힘을 가질 때만이 자유롭고 평등한 관계를 형성할 수 있다고 니부어는 주장한다.

그러나 당시의 사상가와 교육가들은 개인 수준의 도덕과 집단 수준의 도덕을 구분하지 못한 채, 이성과 도덕적 설득만으로 사회문제를 해결할 수 있다는 낙관적인 관점에 빠져 있었다. 니부어는 이를 비판하며, "현재 미국 문화는 이성의 시대(age of reason)의 환상과 감상에 푹 젖어 있다"라고 지적했다. 존 듀이, 클래런스 마시 케이스, 하워드 오덤과 같은 당시의 영향력 있는 교육가와 사회과학자들은 이성, 도덕성, 가치관의 재정립, 교육과 협동, 그리고 타협과 조정을 통해 사회문제와 갈등을 해결할 수 있을 것으로 기대했다. 그러나 이들은 집단 이기주의의 힘과 범위, 그리고 지속성을 간과하고 있었다.

자유주의 사상가들 역시 백인과 흑인 간의 인종 갈등이 조정과 협의를 통해 해결될 수 있다고 믿었으며, '보이지 않는 손'이 자본가와 노동자 간의 불평등을 해소할 것이라는 희망을 품었다. 하워드 오덤은 "노동 대가의 분배에서 공정성이 결여되어 있는 한 갈등은 필연적이다"라고 인정하면서도, 교육과 협동으로 갈등이 해소될 수 있을 것이라는 낙관적인 기대를 유지했다.

결론적으로, 니부어는 개인의 도덕성과 집단의 비도덕성을 명확히 구분해야 하며, 단순히 개인적 윤리나 선의에 의존하는 접근이 아니라 현실적이고 구조적인 해결책이 필요하다고 보았다. 이는 사회문제를 해결하기 위해 집단적 관계의 본질을 이해하고, 이를 바탕으로 적절한 대응 방안을 모색하는 데 중요한 토대를 제공한다.

3 집단의 비도덕적 특성

개인 수준의 도덕성과 구별되는 집단 수준의 도덕성을 이해하려면 먼저 집단의 특성을 살펴볼 필요가 있다. 집단은 개개인의 이기주의를 증폭시킴으로써 본질적으로 비도덕적인 특성을 띠게 된다. 이러한 경향은 집단의 크기가 커질수록 더욱 심화되며, 집단은 자신의 이기적인 행위를 정당화하기 위해 보편적 가치를 대변한다고 주장하며 위선을 동원한다. 더불어, 집단은 즉흥적이고 감정적인 결정을 내리는 경향을 보이며, 갈등이나 전쟁과 같은 상황을 내부 결속을 강화하는 도구로 활용하는 모습을 드러낸다.

니부어는 이러한 갈등이 집단의 유대를 강화하지만, 이는 병리적 현상의 일환이라고 보았다. 특히 국제적 맥락에서 집단 간 갈등은 국가적 충성을 강조하며, 민족주의와 같은 이데올로기를 통해 정당화된다. 집단 내에서는 개인이 발휘할 수 있는 이성적 판단과 윤리적 행동이 집단 이기주의에 의해 희석된다. 집단은 상상력과 감정에 의해 지배되며, 이성이 아니라 본능적 충동과 이익에 따라 행동하기 때문에, 도덕적 설득이나 교육만으로는 집단의 폭력적이고 비도덕적인 성향을 억제하기 어렵다.

집단 간 갈등은 윤리적 판단에 따라 해결되기보다는 힘의 비율에 따라 조정되며, 이는 정치적 관계로 나타난다. 이러한 집단의 특성은 개인의 도덕성과 집단의 비도덕성을 명확히 구분해야 함을 시사한다. 따라서 사회 문제 해결을 위해 단순히 개인적 윤리나 선의에 의존할 수 없으며, 집단적 관계를 이해하는 현실적 접근이 필요하다.

집단 이기주의는 민족, 특권 계급, 국가와 같은 다양한 집단에서 두드러지게 나타난다. 민족과 국가 간 갈등은 집단 이기주의와 밀접하게 연관되어 있으며, 특히 강대국은 자신의 이익을 위해 약소국을 착취하면서 이를 정당화하려 한다. 국가의 이기주의는 애국심이라는 개인의 이타적 감정을 국수주의로 전환해 정당화되기도 한다.

특권 계급은 자신의 특권을 보편적 가치로 포장하여 정당화하려 하며,

그 결과 비특권 계급은 억압받고, 이는 계급 갈등과 사회적 불의를 초래한다. 집단은 자신의 이기적인 행위를 도덕적으로 정당화하려는 위선적 태도를 보이며, 국가 간 전쟁에서도 강대국은 약소국을 구원한다는 명분을 내세우지만, 이는 결국 자국의 이익을 위한 폭력이다.

결론적으로, 집단 이기주의와 위선은 사회적 갈등과 불평등을 심화시키는 주요 원인이다. 이를 해결하기 위해서는 집단적 이기심을 억제할 수 있는 구조적 장치와 정치적 노력이 필수적이다.

4 도덕적 사회를 위해 필요한 비폭력적 강제력

앞서 지적했듯이, 개인은 도덕적일 수 있지만 집단은 이기적이고 공격적인 경향이 강하기 때문에, 개인의 도덕과 양심에만 의존해서는 사회 불평등과 같은 구조적 문제를 해결할 수 없다. 산업사회에서는 노동자들이 필연적으로 정치권력을 확보해야만 자신들의 권익을 보호하고 증진할 수 있다. 실제로 성숙한 자본주의 체제에서는 국가는 자본가의 특권을 줄이고 그 힘을 제약함으로써 노동자들에게 더 많은 권리와 힘을 부여하기 위해 경제 영역에 개입해 왔다. 예컨대, 실업보험, 노인연금, 노동자의 채무법과 같은 입법들은 경제 과정에서 불가피하게 발생하는 불평등을 완화하기 위한 정치적 노력의 결과였다.

니부어는 갈등이 당사자 간 협의나 규범에 따라 해결되고, 이를 통해 평화가 정착될 것이라는 낙관적인 견해를 받아들이지 않았다. 그는 이러한 방식으로 갈등이 잠시 해결되고 평화가 찾아오더라도, 그것이 오래 지속되기는 어렵다고 보았다. 그 이유는 강자와 강대국이 언제든 자신의 이익을 위해 합의를 저버리고 약자와 약소국을 침탈하면서 이를 정당화하는 논리를 만들어낼 가능성이 크기 때문이다.

실제로, 제2차 세계대전 이전의 유럽 열강은 아프리카, 아시아, 중남미에 걸친 광범위한 식민지 지배를 통해 이러한 모습을 명확히 보여주었다. 그들은 야만과 무지에 빠진 민중을 구한다는 명분 아래 식민 지배를 정당화했으나, 실상은 자신들의 이익을 추구하는 폭력이었다. 이와 같은 사례를 바탕으로, 니부어는 고상한 도덕과 규범만으로는 국제 사회에서 진정한 평화를 실현할 수 없다고 주장했다. 그는 자유, 평화, 정의를 구현하기 위해 충분한 강제력이 뒷받침되는 비폭력적인 사회를 건설해야 한다고 보았다. 이는 정의롭지 못한 세력에 대항할 수 있는 정의로운 세력을 형성하는 것을 의미한다.

사회 통합과 정의 실현의 과정에서도 강제력은 중요한 역할을 한다고 니부어는 강조했다. 강제력은 사회적 갈등과 폭력을 억제하고 약자를 보호하며 정의를 실현하는 데 필수적이다. 특히, 비폭력적인 강제력이 효과적으로 구현될 때 사회는 더 안정적이고 지속 가능한 평화를 이룰 수 있다. 그러나 강제력은 동시에 불의를 초래할 위험도 내포하고 있다. 도덕적 통찰이 결여될 경우, 강제력은 독재와 새로운 불평등을 야기할 가능성이 있다.

이러한 논의는 국제적 맥락에서도 동일하게 적용된다. 국제 관계에서 약소국을 강대국의 폭력으로부터 보호하는 방법은 개별 국가 간의 이해관계를 초월하여 공평한 입장을 가질 수 있는 새로운 공동체를 조직하는 것이다. 이러한 공동체는 개별 국가의 힘을 국제적인 통제하에 두어 국가 간의 수많은 이견과 갈등을 해소하는 역할을 한다. 국제연합은 표면적으로나마 이러한 원칙을 국제 관계에 확대 적용한 사례로 평가될 수 있다.

결론적으로, 비폭력적 강제력은 정의롭지 못한 세력에 대항하고 사회적 불의를 줄이는 데 필수적인 도구이다. 그러나 이 강제력이 남용되지 않도록 도덕적 통찰과 합리적인 제도가 함께 구축되어야 한다. 이를 통해 강제력은 사회 정의와 평화를 실현하는 데 효과적으로 기여할 수 있을 것이다.

5 도덕적 사회를 위한 종교와 도덕의 역할

종교는 인간 사회의 도덕적 기초를 강화하는 데 중요한 역할을 한다. 특히 사랑의 이상을 강조하는 종교적 윤리는 정의를 초월한 도덕적 순수성을 지닌다. 종교적 사랑은 타인의 요구를 자신의 요구와 동등하게 고려하는 정의의 원칙을 넘어, 절대적이고 초월적인 가치를 부여하며, 상대적 계산 없이 타인의 요구를 충족시키는 데 초점을 둔다.

기독교 윤리는 이러한 사랑의 정신을 통해 인간관계를 초월적으로 연결하고, 사회적 갈등을 해결하려는 윤리적 지향점을 제시한다. 예수의 가르침, "당신을 사랑하는 자들만을 사랑한다면 무슨 보답이 있겠는가?"는 기독교의 사랑이 지닌 보편적이고 초월적인 속성을 잘 보여준다. 이러한 사랑은 개인 차원에서는 도덕적 순수성을 발휘하지만, 사회 전체에 적용하는 데에는 구조적 어려움과 한계를 동반한다.

종교는 개인의 윤리적 삶을 정화하고 작은 공동체에서 도덕적 유대를 강화하는 데 탁월한 역할을 하지만, 현대 사회의 복잡하고 정치적인 문제를 해결하는 데에는 근본적인 한계를 지닌다. 종교적 이상은 개인의 회개와 사랑의 정신을 강조하며, 이로써 친밀한 인간관계에서 강력한 도덕적 자원이 된다. 그러나 이러한 이상은 대규모 사회나 국가 간의 관계에서 효과적으로 작동하지 못한다.

특히, 종교적 사랑의 정신은 집단의 규모가 커질수록, 그리고 그 관계가 비인격적이고 간접적일수록 약화된다. 국가 간의 갈등이나 복잡한 사회문제에 대해 종교는 구조적인 해결책을 제시하기 어렵고, 종종 이상적 주장에 머무르게 된다. 종교 지도자들이 국가의 정책이나 전쟁을 신의 뜻으로 정당화하는 사례는 종교가 도덕적 지향점을 초월한 집단 이기주의를 강화할 위험을 보여준다.

종교는 사회 정의를 실현하는 과정에서 중요한 영감을 제공할 수 있다. 종교적 사랑의 이상은 정의의 이념을 확장하고, 사회 정의가 순전히 정치적 도구로 전락하지 않도록 윤리적 기반을 제공한다. 그러나 이러한 역할은 현실적 제약 속에서 조심스럽게 접근해야 한다.

현대 사회의 도덕적 이상을 실현하기 위해서는 종교와 도덕의 상호 보완적 역할이 필요하다. 도덕적 이상은 지나치게 정치화될 위험이 있으며, 이러한 위험을 극복하기 위해 종교적 윤리가 요구된다. 특히, 종교는 비폭력적 저항과 같은 방식으로 사회적 갈등을 완화하고, 도덕적 합리성을 회복하는 데 기여할 수 있다.

종교적 상상력은 비폭력적 저항이라는 도구를 통해 정치적 문제 해결에 독특한 기여할 수 있다. 비폭력적 저항은 억압받는 이들의 도덕적 정당성을 강화하고, 지배 계층의 도덕적 기만을 폭로하며, 사회적 갈등의 잔인성을 완화한다. 이러한 접근은 갈등 속에서도 인간의 공동체적 본성을 상기시키고, 상호 이해를 증진할 수 있다. 예컨대, 간디의 비폭력 저항 운동은 종교적 신념과 정치적 실천이 조화를 이루는 사례로 볼 수 있다. 이러한 비폭력적 접근은 억압 세력과의 충돌에서도 도덕적 우위를 확보하며, 도덕적·합리적 해결책을 모색할 기회를 제공한다.

종교적 이상주의는 인간의 한계를 인식하면서도 이상을 향한 희망을 제공한다. 종교는 인간의 본성을 초월적 가치로 연결하며, 정의로운 사회를 꿈꾸게 한다. 그러나 이러한 이상은 때로 현실에서의 복잡성과 충돌하며, 감상주의나 패배주의로 흐르기도 한다. 따라서 종교적 신앙은 현실적 제약을 인정하되, 도덕적 이상과 정치적 현실 사이에서 균형을 유지하려는 노력이 필요하다. 종교는 인간이 사회생활을 통해 정의를 실현하고자 하는 노력을 지지하는 동시에, 인간 본성의 한계와 사회적 제약을 이해하도록 돕는 역할을 해야 한다.

결론적으로, 도덕적인 사회를 만들기 위해 종교와 도덕은 상호 보완적 역할을 수행해야 한다. 종교는 사랑과 정의의 이상을 통해 도덕적 기반을 강화하고 사회적 갈등을 완화하며 인간의 초월적 가치를 상기시킨다. 그러나 종교적 이상이 현실의 복잡성을 간과하거나 지나치게 정치화될 경우 그 효과는 제한될 수밖에 없다. 결국 도덕적 사회는 종교적 영감과 도덕적 실천이 조화를 이룰 때 실현 가능하다. 이는 인간의 한계를 인정하면서도, 정의와 평화라는 이상을 향한 지속적인 노력을 요구한다. 이러한 과정에서 종교는 도덕적 방향성을 제공하고, 도덕은 종교적 이상을 현실화하는 구체적인 도구로 작용하게 될 것이다.

6 21세기에 이 책을 읽는 의미

이 책이 저술된 1930년대 초반은 개인을 집단으로부터 보호할 법적, 제도적 장치가 미비했던 시대였다. 그러나 21세기에 들어서면서 개인의 권리와 자유를 보호하는 법과 제도가 확립되고, 시민사회가 성장했으며, SNS가 일상화되었다. 이에 따라 니부어가 제시한 '도덕적 인간 대 비도덕적 사회'라는 구분은 상당 부분 그 의미를 상실하게 되었다. 디지털 기술의 발달로 개인은 더 이상 집단의 도덕적 압력에 무방비로 노출되지 않고, 다양한 방식으로 자신의 목소리를 낼 수 있는 환경이 조성되었다.

그럼에도 불구하고 국제 사회에서의 갈등과 전쟁은 여전히 해결되지 않은 난제로 남아 있다. 예컨대, 미얀마에서의 로힝야족에 대한 인권 탄압이나 러시아의 우크라이나 무력 침공은 국제 사회가 도덕적이고 평화로운 질서를 유지하기 위해 얼마나 많은 한계를 가지고 있는지를 명확히 보여준다. 국제연합(UN)의 안전보장이사회가 이러한 문제에 개입하려 해도 상임이사국인 중국과 러시아가 거부권을 행사함으로써 실질적인 대응에 실패하고 있으며, 이는 UN의 무능력함을 드러내는 대표적인 사례로 꼽힌다.

이러한 상황에서 UN과 같은 국가 간 기구가 제 역할을 하지 못한다면, 새로운 대안으로 국제 시민(United Citizens)이라는 개념을 상상해 볼 수 있다. 이는 각국의 대표적인 시민 단체들이 국제적으로 연합하여 인권과 평화를 위해 행동하는 네트워크를 형성하는 것이다. 미얀마에서의 인권 탄압에 대한 한목소리를 통해 각국 정부를 압박하는 방식은 니부어가 주장했던 비폭력적 강제력을 행사하는 현대적인 실천 사례가 될 수 있다.

현대에는 이미 앰네스티 인터내셔널, 그린피스, 국경없는의사회, 세이브더칠드런과 같은 국제 민간단체들이 세계적인 영향력을 발휘하며 이러한 역할을 수행하고 있다. 이들은 정부나 국가 간 기구가 놓치는 영역을 채우며, 인권 보호, 환경 문제 해결, 긴급 의료 지원, 아동 보호 등 다양한 분야에서 중요한 역할을 하고 있다. 예를 들어, 앰네스티 인터내셔널은 억압받는 사람들의 목소리를 대변하며 인권 침해 문제를 세계적으로 알리고 국제적 관심을 이끌어 낸다. 그린피스는 환경 파괴에 맞서며 지속 가능한 지구를 위한 캠페인을 벌인다. 국경없는의사회는 분쟁 지역이나 재난 현장에 의료 지원을 제공하며, 세이브더칠드런은 취약 계층 아동의 생존과 권리 보호를 위해 활동하고 있다.

나아가, SNS와 디지털 플랫폼은 이러한 국제 민간단체들의 활동을 더욱 강화하고 있다. 일반 시민들은 손쉽게 국제적 이슈에 참여할 수 있으며, 해시태그 운동이나 온라인 청원과 같은 비폭력적인 방식으로도 글로벌 담론에 영향을 미칠 수 있다. 이는 니부어가 상상했던 비폭력적 강제력이 현대 기술과 결합하여 더욱 강력한 형태로 구현된 사례라 할 수 있다.

그럼에도 국제 시민사회의 영향력이 전 세계적으로 동일하게 발휘되지 못하는 한계도 존재한다. 국가 간 이해관계와 권력 구조는 여전히 국제 문제 해결의 주요 장애물로 작용하고 있다. 예컨대, 국제 민간단체들의 노력에도 불구하고, 군사적 갈등이나 인권 침해가 지속되는 것은 국가 주권과 경제적 이해관계가 복잡하게 얽혀 있기 때문이다.

결론적으로, 니부어의 논의는 21세기에도 여전히 유효한 통찰을 제공한다. 비록 개인의 권리와 자유를 보호하는 법과 제도가 발전하고 시민 사회가 강화되었지만, 국제적인 갈등과 불평등을 해결하기 위해서는 여전히 새로운 방식의 비폭력적 강제력과 글로벌 연대가 필요하다. 국제 시민사회의 연합과 디지털 기술을 활용한 비폭력적 대응은 현대적인 도덕적 사회를 구현하는 데 있어 중요한 역할을 할 수 있다.

하지만 니부어가 개인과 집단의 도덕성을 이분법적으로 구별한 것은 21세기의 시점에서 보면 지나친 단순화라는 비판을 받을 수 있다. 개인과 집단은 상호 작용을 하므로 개인은 단순히 독립적인 도덕적 존재로만 존재하는 것이 아니라, 집단 내에서 행동하며 집단의 도덕적 정체성에 영향을 미친다. 반대로 집단도 개인의 신념과 행동에 의해 형성된다. 예를 들어, 집단 내에서 도덕적 리더십이 발휘되거나 규범이 강화되면, 집단은 비도덕적인 행동 대신 도덕적 목표를 추구할 가능성이 높아진다. 마틴 루서 킹 주니어가 이끈 미국 시민권 운동은 도덕적 개인들이 집단적으로 연대하여 도덕적 집단행동을 성공적으로 이루어낸 사례다. 이처럼 도덕적 개인이 집단을 이끄는 사례는 니부어의 이분법적 구별이 항상 타당하지 않을 수 있음을 보여준다.

또한 니부어는 집단이 본질적으로 비도덕적이라고 주장함으로써, 집단 내에서 개인의 도덕적 책임이 희석될 가능성을 간과한다. 집단 내 익명성은 개인에게 도덕적 책임을 회피하거나 비도덕적 행동을 정당화할 기회를 제공할 수 있다. 예컨대, 홀로코스트와 같은 비극적 사건에서, 행위자들이 자신의 행동을 집단의 명령에 따른 결과라고 변명하는 것은 개인의 책임을 부정하는 잘못된 태도다. 집단의 비도덕적 행동 뒤에는 개별 행위자들의 선택과 행동이 존재하며, 이를 무시할 때 개인적 책임은 희석되고 도덕적 판단은 왜곡될 위험이 있다. 따라서 니부어의 이론은 집단의 행동을 설명하는 데 유용하나 개인의 도덕적 책임을 간과하지 않는 균형 잡힌 접근이 필요하다.

21세기의 디지털 기술 발전과 글로벌 시민 사회의 등장은 니부어의 주장을 재검토하게 만든다. SNS와 같은 플랫폼은 개인들이 집단적으로 행동할 수 있는 새로운 가능성을 열었으며, 이는 도덕적 목표를 위한 집단행동을 촉진한다. 예컨대, 환경 운동, 인권 보호, 국제 기부 캠페인 등은 현대적 집단행동이 도덕적 목표를 지향할 수 있음을 보여준다. 앰네스티 인터내셔널, 그린피스와 같은 글로벌 시민 단체들은 도덕적 목표를 추구하는 집단의 성공적인 사례다. 이러한 현상은 집단의 도덕성을 비도덕적으로 규정했던 니부어의 이론이 현대적 맥락을 충분히 반영하지 못한다는 점을 시사한다.

니부어의 이분법적 접근은 개인과 집단의 관계를 단선적으로 이해하는 경향이 있다. 이를 극복하기 위해서는 개인과 집단 간의 상호 작용을 중심으로 한 복합적인 이해가 필요하다. 개인은 집단 내에서 도덕적 변화를 주도할 수 있으며, 집단의 구조와 규범 역시 개인의 도덕적 행동을 강화하거나 억제할 수 있다. 현대 사회에서 기업의 사회적 책임(CSR) 활동은 집단이 도덕적으로 행동할 수 있음을 보여주는 대표적인 사례다. 기업이 환경 보호, 인권 존중, 사회적 기여를 목표로 삼을 때, 집단도 도덕적 책임을 다할 수 있음을 입증한다. 이는 개인과 집단의 도덕성을 이분법적으로 나누기보다 이들 간의 상호 작용을 통해 도덕적 사회를 형성하려는 접근이 필요함을 보여준다.

결론적으로, 니부어의 사상은 집단행동에 내재된 비도덕적 성향을 강조하지만, 집단이 도덕적 변화를 이끌 수 있는 가능성도 열어둔다. 비폭력 저항 운동, 글로벌 환경 보호 캠페인, 인권운동 등은 집단이 도덕적 목표를 실현할 수 있는 사례다. 이러한 집단행동은 개인과 집단의 경계를 허물고 도덕적 상호 작용의 가능성을 보여준다. 현대적 관점에서 도덕적 사회를 구축하려면, 집단의 도덕적 가능성을 인정하고 이를 활용하는 방향으로 나아가야 한다. 이는 니부어의 논의를 보완하며, 개인과 집단의 도덕성을 통합적으로 이해하는 데 기여할 것이다.

더 읽어보기

《도덕적 개인과 비도덕적 사회》를 이해하기 위해 함께 읽으면 좋은 라인홀드 니부어의 작품을 추천하면 다음과 같다.

라인홀드 니버. 《인간의 본성과 공동체들》. 오희천 옮김. 종문화사, 2016.
______. 《인간의 본성과 운명 2》. 오희천 옮김. 종문화사, 2015.

라인홀드 니부어를 이해하는데 도움이 되는 소개서는 다음과 같다.

고범서. 《라인홀드 니버의 생애와 사상》. 대화문화아카데미, 2007.
리처드 해리스. 《라인홀드 니버—현실적인 이상주의, 이상적인 현실주의》. 안태진 옮김. 비아, 2016.

라인홀드 니부어의 생애와 사상을 다룬 동영상 자료로는 다큐멘터리 〈An American Conscience: The Reinhold Niebuhr Story〉가 있다. 이 작품은 니부어의 삶과 그의 영향력을 조명하며, 그의 사상이 현대 사회에 어떤 의미를 지니는지 탐구한다. 이 다큐멘터리는 PBS를 통해 방영되었으며, 관련 정보는 PBS 공식 웹사이트에서 확인할 수 있다.

《도덕적 개인과 비도덕적 사회》와 비슷한 주제를 다룬 다른 저자들의 도서 및 영화와 비교하며 읽어보면 흥미로울 것이다.

〈도서〉
엘리아스 카네티. 《군중과 권력》. 강두식·박병덕 옮김. 바다출판사, 2010.
한나 아렌트. 《예루살렘의 아이히만》. 김선욱 옮김. 한길사, 2006.
______. 《인간의 조건》. 이진우 옮김. 한길사, 2019.

〈영화〉

데니스 간젤 감독. 〈더 웨이브〉. 2008.

스티브 맥퀸 감독. 〈노예 12년〉. 2013.

스티븐 스필버그 감독. 〈쉰들러 리스트〉. 1993.

시드니 루멧 감독. 〈12인의 성난 사람들〉. 1957.

폴 앤드루 윌리엄스 감독. 〈아이히만 쇼〉. 2015.

사회분업론

혼란 속에서도 사회는 왜 붕괴되지 않는가?

신은경

1 사회학의 창시자, 에밀 뒤르켐은 누구인가?

1893년에 출간된 에밀 뒤르켐(Émile Durkheim, 1858-1917)의 《사회분업론》은 사회학의 고전 중에서도 매우 중요한 자리를 차지하고 있다. 《사회분업론》은 그의 박사논문으로 분업에 대한 사회학적 고찰을 시도한 노력이었으며, 사회의 구성원들이 상이한 역할을 수행하는 것이 유기적인 연대로 이어질 수 있음을 과학적인 데이터에 기반하여 밝혀내고 있는 수작이다.

사전적 정의에 따르면, '사회학'은 사람들이 어떻게 사는지와 왜 그렇게 사는지를 사회와 연관 지어 설명하는 학문이다. 사회학은 다양한 연구방법을 이용하여 경험적인 조사를 하고 그 결과를 분석한다. 쉽게 말해서, 사회학은 사회를 연구하는 학문이다. 그렇다면 사회학은 언제 탄생했을까? 사회학의 역사가 매우 오래되었을 것이라고 생각할 수 있지만, 놀랍게도 사회학은 그 역사가 상대적으로 짧다.

인류 전체의 역사를 고려하면, 오늘날을 사는 현대인이 생각하는 '사회'의 역사가 매우 짧기 때문이다. 17세기 과학혁명과 계몽주의의 여파로 이성을 통해 세계를 분석하려는 '과학'이 놀라운 속도로 발전하게 된다. 근대 이전의 신학적 세계관에서 벗어난 물리학과 생명과학 등의 자연과학이 인류에게 새로운 이성적 사고의 힘을 주었고, 이를 통해 세상을 새로이 바라보려는 거대한 학문적인 움직임이 일어난다. 이와 더불어, 1789년의 프

에밀 뒤르켐

랑스 혁명을 통해 오늘날 우리가 일반적으로 받아들이는 '사회'라고 하는 것이 탄생하였다.

프랑스 사회는 절대왕정이 지배하던 '앙시앵 레짐'의 시대였고, 자본가 계급이 부상하고 있었다. 당시 대부분의 권력은 왕에게 집중되어 있었고, 인구의 절대다수인 98%는 소위 '평민'이었다. 당시의 심각한 경제 불황은 평민들의 불만을 가중시켰고 마침내 흉작이 발생한 1789년에 봉기가 일어나게 된다. 시민의 개입으로 민중 혁명의 단계로 나아간 이 혁명은 3년간 지속되었다. 절대왕정 시기의 평민들이 왕정을 붕괴시킨 이후 80년간 공화정, 제정, 군주정으로 국가 체제가 바뀌며 프랑스에서는 불안한 정치 상황이 계속되었다. 프랑스 혁명은 자본주의 발전기에 시민 계급이 절대왕정에 저항하여 봉건적 특권 계급과 투쟁해 승리를 쟁취한, 그리하여 새로운 정부와 새로운 사회를 건설해 낸 최초의 사회 혁명이라 할 수 있다. 이러한 프랑스 혁명을 통해 '시민 사회'가 탄생했다. 동시에 산업사회의 발전으로

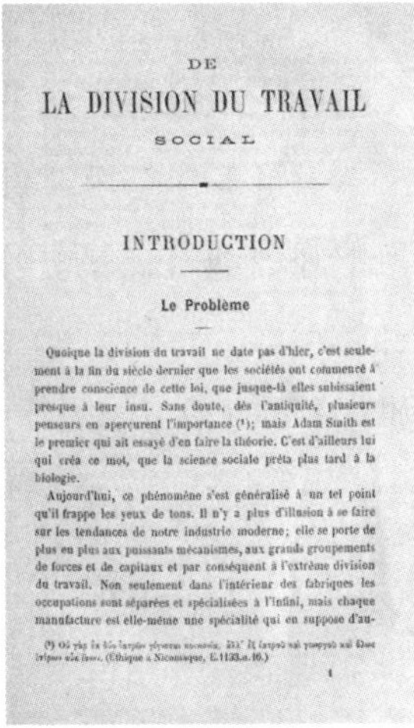

DE

LA DIVISION DU TRAVAIL

SOCIAL

INTRODUCTION

Le Problème

Quoique la division du travail ne date pas d'hier, c'est seulement à la fin du siècle dernier que les sociétés ont commencé à prendre conscience de cette loi, que jusque-là elles subissaient presque à leur insu. Sans doute, dès l'antiquité, plusieurs penseurs en aperçurent l'importance (1); mais Adam Smith est le premier qui ait essayé d'en faire la théorie. C'est d'ailleurs lui qui créa ce mot, que la science sociale prêta plus tard à la biologie.

Aujourd'hui, ce phénomène s'est généralisé à un tel point qu'il frappe les yeux de tous. Il n'y a plus d'illusion à se faire sur les tendances de notre industrie moderne; elle se porte de plus en plus aux puissants mécanismes, aux grands groupements de forces et de capitaux et par conséquent à l'extrême division du travail. Non seulement dans l'intérieur des fabriques les occupations sont séparées et spécialisées à l'infini, mais chaque manufacture est elle-même une spécialité qui en suppose d'au-

(1) [illegible] (Éthique à Nicomaque, E.1133.a.16.)

1

《사회분업론》

왕정 하에서 왕족과 귀족에게 독점적으로 향유되던 권력이 일반 시민 계급으로 이동하게 되는, 인류 역사에 전례 없는 커다란 변화가 일어났다.

후대의 시기를 살아가는 현대인들에게는 민주 사회의 성장이 역사이지만 당시를 살아가는 사람들에게 그것은 엄청난 사회적 혼란이었다. 이러한 사회적 변화 속에서 기존에는 세계의 중요한 영역으로 간주되지 않던, 단지 지배와 통제의 대상이던 '사회'가 막대한 힘을 가지는 공동체로 부상한다. 이러한 시민 사회의 변화와 함께 사회학은 탄생했다. 사회학의 역사가 역사학이나 철학에 비해 짧은 이유는 사회학의 연구 대상인 '사회'가 근대적인 산물이기 때문이다. 사회학의 가장 중요한 저서 중 하나로 꼽히는 카를 마르크스(Karl Marx)의 《자본론》이 1867년에 출간되었고, 뒤르켐의 《사회분업론》은 1893년 출간된다.

사회를 이해하는 것, 즉 사회학이 중요한 문제로 부상하게 된 배경은, 과학의 발달과 계몽주의 사조의 향연, 시민사회의 성장과 산업화로 인한 도시화의 가속, 그리고 이전보다 훨씬 더 높은 밀도로 사람들이 함께 모여 살게 된 것을 들 수 있는데, 이 네 요소의 공통점은 인류의 놀라운 발전이면서 동시에 구체제와의 갈등을 필연적으로 내포하고 있다.

사회학은 현대의 여러 분과 학문 중에서 특이하게도 학제의 이름을 만든 사람을 알 수 있는 학문이다. '사회학(sociology)'이라는 단어는 오귀스트 콩트(Auguste Comte)가 1830년대에 처음 유의미하게 사용하였다. 콩트는 자연과학의 발달로 우리가 자연 세계를 이해하고 활용하는 능력이 증대되는 것과 마찬가지로, 사회에 대한 과학적 이해를 통해서 사회를 발전시킬 수 있다고 생각했다. 콩트는 《실증철학강의》를 집필하는 데 주력했고, 이 저서에서 그는 다음과 같은 사회학의 기본적인 아이디어들을 제안한다.

> 모든 생명체는 본질적으로 서로 다른 두 가지 현상 질서 즉 개인과 관련된 것과 종과 관련된 현상을 나타낸다. 유기 물리학에는 생리학과 사회 물리학이 있다. 사회 현상을 제대로 연구하기 위해서는 개인의 삶과 관련된 법칙과 생리적 법칙 작용을 수정하는 사회적 조건에 대한 지식에서 시작해야 한다. (《실증철학강의》)

뒤르켐은 이러한 콩트의 아이디어에 크게 공감했고, 실제로 사회학이라는 분과 학문의 정체성 확립에 전 생애를 바쳤다.

뒤르켐은 1858년 4월 15일 프랑스·독일 국경 근처 작은 소도시 에피날(Épinal)의 유대인 가정에서 태어났다. 파리의 고등사범학교에 입학하여 이후 독일에서 2년 남짓의 유학 생활을 거쳤다. 그는 보르도대학에서 첫 교수 생활을 시작했다. 그는 이곳에서 사회과학 수업을 개설했고, 사회학의 역사에 길이 남을 왕성한 저술 활동을 이어갔다. 1902년에는 이러한 업적이 인정받아 파리 소르본대학의 교육 학장을 맡게 되었고, 당시 소르본 전교생의 필수 수업을 강의하기도 했다. 그는 소르본에서, 처음으로 만들어진 사회학과의 사회학 교수가 된다. 하지만 그는 1914년 제1차 세계대전에서 아들을 잃었고, 이에 큰 슬픔을 느끼며 힘들어하다 1917년 이른 나이에 세상을 떠나게 된다.

매우 진보적이었던 당시의 마르크스주의자들에게 뒤르켐은 다소 보수적인 성향으로 보였기 때문에 그들은 그를 비판하기도 했다. 하지만 59년이라는 길지 않았던 그의 생이 사회학에 남긴 업적은 다른 누구의 그것과도 비교할 수 없다. 그는 처음으로 사회학과의 교수가 되었고, 사회학이 하나의 독립적 학문 분과로 자리 잡는 것에 큰 기여를 했다. 콩트가 사회적 조건을 이해하는 것이 인간에 대한 과학적 접근의 시작이라고 이야기한 것과 유사하게, 뒤르켐은 사회학이란 '사회적 사실'을 연구하는 학문 분과라고 주장한다.

《사회분업론》은 사실 그의 박사학위 논문이었다. 물론 당시에는 사회학과가 없었기 때문에 논문의 심사위원은 역사학자와 철학자들로 구성되었다. 뒤르켐은 격변하는 사회의 혼란 속에서 어떻게 사회가 유지되는가에 연구의 방점을 찍고 있다. 그는 다양성이 극도로 증대되는 산업화된 도시 사회에서 많은 사람들이 와해와 해체와 분란에 주목할 때, 그럼에도 불구하고 사람들이 연대를 이루어나가는 방식에 관심을 가졌다. 그리고 과학적 사회학, 실증적 사회학하기를 통해 이에 대한 답을 찾아가는 과정이 바로 이 책《사회분업론》에 담겨 있다.

2 사회적 연대 —혼란 속에서도 사회는 왜 붕괴되지 않는가?

오늘날 우리가 살아가는 사회는 강한 연대의 사회일까, 혹은 약한 연대의 사회일까? 뒤르켐은 이러한 질문들에 대해 이미 매우 획기적인 답을 제공했다. 산업화가 진행되며 과거의 도덕적 규제에서 해리되어 가는 과정 속에서 우리가 도덕을 어디서 찾아야 하는지 그는 묻는다.

> 우리는 역마차를 철도로 대체했고, 돛단배를 기선으로 바꾸어 대서양을 횡단했으며, 작은 작업장은 커다란 공장으로 바꾸었다. 이런 모든 활동의 전개 방식은 인간에게 일반적으로 유용하다고 생각된다. 그러나 거기에는 어떠한 도덕적이고, 의무적인 성격도 없다. (《사회분업론》, 88)

대다수가 농업에 종사하며 살아가던 시대에서 벗어나면서, 이제 많은 사람들이 공장의 노동자로 살아가게 되었다. 또한 경제의 부흥과 자본의 축적은 많은 사람들이 바람직한 것으로 추앙하는 것이었지만, 그 자체로는 도덕적인 진보와는 전혀 상관이 없었다는 것에 뒤르켐은 주목한다. 인간에게 유용하다고 여겨지던 산업화가 많은 이들을 공장 노동자로 만들면서, 당시의 학자들은 이를 어떻게 바라보아야 하는가에 대한 여러 이론들을 내놓았다.

《사회분업론》은 다음과 같은 대목으로 시작된다.

> 분업은 새로운 것이 아니다. 하지만 사회가 분업의 법칙을 의식하기 시작한 것은 18세기 말부터였다. (…) 분업화에 대한 이론화를 처음 시도한 것은 애덤 스미스다. (《사회분업론》 서론)

뒤르켐은 정치경제학자인 애덤 스미스를 자신의 책 첫 장에서 소환한다. 산업사회가 자본주의의 성공을 가져온 가장 주요한 특징으로 당시의 학자들은 분업의 힘을 이야기했다.

애덤 스미스(Adam Smith)는 《국부론》에서 분업의 긍정적인 측면과 부정적인 측면을 동시에 주목했다.

> 노동 분배는 다른 어떤 요소보다도 생산량을 크게 증가시켰다. 이러한 노동 분화는 더 많은 산업과 성장을 보이는 국가들에게서 가장 크

다. 이것은 해당 국가에서 '보편적 풍족함'에 기여한다. 이러한 번영은 공장 노동 분업 덕에 생산품의 품질이 향상되었기 때문이기도 하지만, 더 중요한 것은 생산의 효율성이 증가하고 시간 단위당 생산 단위의 명목 출력이 높아진 결과이다.

(…) 노동 분배의 진행 과정에서 노동으로 생계를 유지하는 대부분의 사람들, 즉 대다수 사람들의 일은 몇 가지 아주 간단한 작업으로 제한되는데, 종종 1개 또는 2개 정도다. 그러나 대다수의 사람들은 보통의 직업을 통해 그들의 이해력을 형성하게 된다. 생을 영위하는데 그의 일생 전부를 아주 간단한 작업만을 수행하는 사람은, 그의 이해력을 행사할 필요가 없거나, 어려움을 해결하기 위한 창의력을 발휘할 필요가 거의 없다. 그러므로 노동자는 이성을 활용해 이해하려는 노력을 하지 않는 습관을 들이게 되고, 어리석고 무지한 사람이 되곤 하며, 나아가 인류가 그렇게 될 것이다. (《국부론》, 734–735)

19세기 사회학자들은 이 부정적인 모습에 더욱 초점을 두는 경향이 있었다. 프랑스 사회학자 토크빌(Alexis de Tocqueville)은 "분업의 원리가 더 완벽해질수록 기술은 진보하지만 기술자는 퇴보할 것"이라는 유명한 경고를 남기기도 했다. 전문화는 근대 사회에서 분업을 통해서 극대화되었다. 뒤르켐은 "사회가 원시적일수록 사회를 구성원 사이의 동질성은 더 커진다"(《사회분업론》, 198)라고 이야기한다. 당시 다수의 학자들은 대부분의 사람들이 상대적으로 비슷한 생활 환경을 공유하던 전통 사회에서는 사회적인 연대와 화합이 쉬웠지만, 근대 산업사회에서는 너무도 다양한 사람들이 한 공간에 몰려 살게 되면서 사회적 연대가 와해되었다는 사실에 개탄하고 있었다.

하지만 뒤르켐은 무엇이 분업인지 객관적으로 알기 위해서는 분업을 객관적인 '사회적 사실'로 다루어야 한다고 강조한다. 분업의 기능이 정말 생산성의 향상에 불과한 것인가? 그래서 우리는 노동 분업으로 극대화된 다양성 속에서 연대를 잃을 수밖에 없는 운명인가? 이런 질문을 통해, 뒤르켐은 분업의 사회적 기능이 무엇이며 그것이 어떠한 사회적 욕구를 충족시키는가에 주목했다. 그는 과학적, 체계적으로 분업의 원인과 조건을 규명하고, 정상적인 분업과 병리적인 분업을 개념적으로 구분할 필요가 있다고 역설했다.

> 한 친구가 나를 보호해 주면 한 친구는 나를 위로해 준다. 한 친구는 상담을 해주면 다른 친구는 상담을 실천하는 것을 돕는다. 이러한 기능의 분담이 바로 분업이다. 이제 우리는 분업을 새로운 각도에서 바라볼 수 있게 된다. 이 경우 분업이 가져다줄 수 있는 경제적 효과는 분업이 낳는 도덕적 효과와 비교해 보면 보잘것없다. 분업의 진정한 기능은 두 사람 이상의 사이에서 연대감을 창조하는 것이다. (《사회분업론》, 95)

뒤르켐은 사람들의 역할이 다르기 때문에 분열하고 화합할 수 없는 것이 아니라, 다르기 때문에 서로가 서로를 더 필요로 하고, 그렇기에 연대감을 낳는다는 것을 포착한다. 유사한 사람들 사이에서만 친밀감을 느끼던 전통 사회에 익숙하던 사람들은 이러한 이질성의 순기능을 포착하기 어려웠다. '다르니까 갈등할 것'이라고 모두가 주장할 때 뒤르켐은 '다르니까 서로에게 더 의존할 것'이라고 말한다. 그는 나아가 동질성이란 하나의 종류만 있는 것이 아니라는 것을 이 책에서 역설한다. '기계적 연대'와 '유기적 연대'라는 유명한 개념이 《사회분업론》에서 탄생하고 발전한 아이디어다.

기계적 연대를 가지는 사회의 경우, 집단의식이 더 완벽하게 개인의식을 지배할수록 사회 유대도 더 큰 힘을 가진다. 또한 집단의식 상태의 평균적 강도 역시 강하고, 신앙과 관행이 명확히 정의되어 있으며, 개인의 차이가 무시되는 경향이 있다. 이에 대한 경험적 증거로, 그는 처벌을 중시하는 형법이 강력하게 작동하는 사회에는 억압적 규제가 법전에 많을 수밖에 없다는 것을 제시한다.

반대로 유기적 연대는 이와 결이 다른 결속력을 낳는다. 복잡한 분업화로 각 개인이 집단 내에서 상이한 역할을 수행하는 상황에서 유기적 연대를 발견할 수 있다고 뒤르켐은 주장한다. 기본적으로 다른 역할을 하는 구성원에 대한 의존도가 높아지기 때문이다. 이러한 사회는 유연성이 높은 사회이며, 집단의식의 내재화 정도가 약한 특징을 가진다. 유기적 연대가 강한 사회에서는 형법보다는 규범적 회복에 관련된 법이 우세하게 작동하고 배상적 규제가 더 많은 부분을 차지하고 있다는 것을 그는 객관적 근거 자료로 제시한다.

> 경제학자들이 분업을 사회의 생산성을 증가시키기 위한 수단으로만 축소시키지 않았더라면, 그리고 분업이 사회적 연대의 원천이라는 사실을 알았더라면, 경제학자들은 분업의 이러한 기본적 특징을 어둠 속에 내버려두지 않았을 것이다. 그리고 결과적으로 분업이 부당한 비난을 받도록 방치하지도 않았을 것이다. (《사회분업론》, 554)

모두가 분업 때문에 다양해져서 혼란스럽다고 이야기할 때, 뒤르켐은 분업 덕분에 우리 사회가 더 서로에게 의존하게 되는 현상의 아이러니를 포착해 낸다. 얼핏 보기에 부작용이 커 보이는 분업은, 사회적인 맥락을 고려하면, 세상을 분열시키는 것이 아니라 사람들을 함께 잇는 기능을 수행할 수도 있음을 그는 강조한다.

3 실증적 방법론 —과학적 사회학의 출발

그는 "이 책은 무엇보다도 궁극적으로 과학의 방법에 따라 도덕적 삶의 사실을 다루기 위한 노력이다"라는 서문의 문장으로《사회분업론》을 시작한다. 사전적 정의에 따르면, 과학하기란 보편적 진리나 법칙 발견을 목적으로 하는 체계적인 지식을 생산하는 것을 의미한다. 사회를 과학적으로 연구하는 것이 이 저작의 기본 목적이었다.

뒤르켐은《사회학적 방법의 규칙들》에서 "사회적 사실은 고정되어 있든 없든 개인에게 외부 제약을 행사할 수 있는 모든 행동 방식"이며, "특정 사회 전반에 걸쳐 일반적이면서도 동시에 개별적인 표현과는 별개로 그 자체로 존재하는 모든 행동 방식"이라고 말하며, 바로 이 '사회적 사실'이 사회학의 연구 대상이라고 역설한다. 사회적 사실은 개인 외부에 독립적으로 존재하며 개인에게 영향을 미치는 외부 및 객관적인 현상이다. 이는 특정 사회에 특유한 사고, 감정 및 행동의 집단적인 방식이다. 다시 말해, 사회적 사실은 한 사회 내의 행동, 신념, 관습, 규범 및 가치의 패턴으로, 개인을 형성하고 그에 영향을 미친다. 이것은 언어, 종교, 법률 체계, 결혼 관습, 교육 기관 및 경제 체계 등에 녹아들어 있다.

> 도덕적 사실은 다른 것과 같은 현상이다. 그것들은 특정 독특한 특성에 의해 인식되는 행동 규칙으로 구성되어 있다. 그러므로 그것들을 관찰하고, 설명하고, 분류하고, 그것들을 설명하는 법칙을 찾는 것이 가능해야 한다. (《사회학적 방법의 규칙들》)

전근대 사회는 동질성에 기반한 기계적 연대의 사회였다면, 현대 사회는 이질성에 기반한 유기적 연대의 사회라는 것을 어떻게 과학적으로 검증할 수 있을까? 뒤르켐의 사회분업론이 당시에 엄청난 파장을 낳았던 이유는 그 주장이 사회학적으로 굉장히 매력적이었기 때문이기도 하지만, 데이터 분석의 접근법이 매우 창의적이었기 때문이기도 하다. 그는 동질성이 큰 사회에서는 기계적 연대가, 이질성이 큰 사회에서는 유기적 연대가 우세할 것이라는 가설을 세우고 사회분업과 사회 통합 사이의 관계를 검토하기 위해 다양한 통계 자료 및 사회 지표를 분석했다.

놀랍게도 그는 법률 조항에서 처벌적 조항의 비중과 배상적 조항의 비중을 비교하여 이 가설을 검증한다. 즉, 법조문을 그의 주장의 객관적 증거 자료로 활용한 것이다. 그는 법조문의 성분 분석을 통해서 연대 유형의 근거를 찾을 수 있다고 생각했다. 그는 고대의 법조문부터, 성경의 규율적인 조항들과 근대법의 차이를 지적하며 기계적 연대에서 유기적 연대로의 이행을 증명하려 노력했다. 그는 인구학적인 자료들을 활용하기도 했다. 예를 들어, 그는 대도시와 지방의 시골을 비교하면서 20세에서 45세 사이의 도시 인구는 많고 그 이상의 연령층은 더 낮음을 보여주기도 했다. 19세기의 사회학은 당시 출현하기 시작하던 인구 통계 자료들을 놀랍도록 빠르게 적극적으로 활용했다. 또한 범죄율, 자살률 및 기타 사회 현상과의 관계를 보여주며, 분업의 변화가 사회 안정성과 통합에 어떻게 영향을 미칠 수 있는지를 보여주었다.

예를 들어, 훗날 그의 또 다른 명저가 될 《자살》의 아이디어는 사실 그의 박사 학위 논문에서 발전된 것이다.

자살은 시골보다는 도시에서 더 많이 발생한다. 문명은 대도시에 집

> 중되고, 자살도 마찬가지이다. 우리는 때때로 이들 대도시에서 자살 현상이 전염되는 것을 보았으며, 그것은 각 나라의 수도와 중요한 도시들에서 발원지 역할을 한다. 자살은 이곳에서 그 나라의 다른 지역으로 확산되는 것이다. 결국, 노르웨이만 예외로 하고 모든 유럽 국가에서 자살은 한 세기 동안 규칙적으로 증가해 왔다. 한 통계에 의하면 1821년에서 1880년 사이에 자살률은 3배로 늘어났다. (《사회분업론》, 325)

늘어나는 자살이 많은 학자들에 의해 분업에 따른 사회적 연대 상실의 증거로 제시될 때, 이것은 병리적인 현상이지 분업 자체가 그 원인이 아니라고 뒤르켐은 역설한다. 일반 사람들의 통념에 다소 어긋나던 그의 주장이 학계에 널리 받아들여질 수 있었던 이유는 바로 그가 객관적인 증거들을 활용해서 자신의 주장과 가설을 뒷받침할 수 있었던 데이터 분석에 있었다.

4 뒤르켐의 메시지

뒤르켐의 《사회분업론》은 '사회학적 상상력'이 가장 아름답게 빛난 고전이라고 할 수 있다. 사회학적 상상력이라고 함은, 맥락을 함께 고려하는 것의 미학이다. 어떤 사건이나 행위가 일어났을 때, 그것을 개인적인 요인들로 설명하는 것이 아니라 그 사건과 행위를 있게 한 사회적인 맥락을 함께 고려하는 것을 장려하는 것이다. 예를 들어, 한 개인이 실업자라는 사실이 1,000명 중 1명이 실업자인 사회에서 갖는 의미와 1,000명 중 500명이 실업자인 사회에서 갖는 의미가 다름에 주의하는 것이다. 세상 사람들이 실직을 개인적인 문제로 간주하고 그의 결점을 찾기 바쁠 때, 사회학자들은 그 실직을 낳은 사회 구조를 바라본다. 모두가 실직자에게 손가락질할 때 사회학자는 실직이 그의 탓이 아닐 수 있음에 주목한다. 이러한 사회학적 상상력은 때로 우리가 익숙하게 생각하던 것들을 낯설게 보게 해준다. 디벙킹(debunking)이라고 이야기하는 사회학적 진실은 때로는 우리를 기존의 가치관에서 해방시켜 준다. 이러한 맥락에서, 《사회분업론》은 사회학적 통찰력과 데이터 과학이 만난 역작이었다고 요약할 수 있다.

사람들은 분업이 개인을 기계의 역할로 축소시킴으로써 개인 자체를 축소시킨다고 비난해 왔다. 그는 날마다 똑같은 활동을 아주 단조로운 규칙성을 가지고 반복한다. 그러나 자신이 하는 일에 관심도 없으며 그 일을 이해하지도 못한다.

(…) 살아 있는 세포들은 끊임없이 이웃 세포들과 접촉하며, 자기가 만난 세포들에게 영향력을 행사하고 반응을 보인다. 즉, 유기체의 욕구와 상황에 따라 자신을 확장하고 축소시키기도 하며, 주어진 환경에 적응하기도 하고 변신하기도 한다. 개인은 더 이상 외부의 힘에 의해 조종되고, 항상 같은 방향과 같은 방식으로 조작되는 무기력한 톱

> 니바퀴가 아니다. 우리가 어떤 방식으로 도덕적 이상을 표상하고 있건 상관없이, 우리는 인간 본성의 타락 상태에 무관심할 수 없다. (《사회분업론》, 552)

그는 "인간 사회가 발전해 갈수록 개인의 행복이 증대한다는 것이 정말 사실일까? 아마도 이보다 더 의심스러운 명제는 없을 것"이라고 말한다. 분업화의 단계를 넘어서 파편화된 삶을 살아가고 있는 21세기의 오늘, 우리는 어디서 연대의 기원을 찾을 수 있을까? 적자생존을 주장했던 스펜서의 이론에 그는 동의하지 않는다. 흥미롭게도 그는 이타성을 강조하며 책을 마무리하고 있다.

> 다윈의 가설은 사회가 그 구성원들에게 행사하는 도덕적·조절적 영향력을 무시하고 있다. 그런데 사회의 도덕적·조절적 영향력은 사회 구성원들이 생존 경쟁을 위해 무지막지하게 투쟁하는 것을 절제시키고, 그들끼리의 적대적 감정을 중화시키는 역할을 한다. 사회가 있는 곳이라면 어디에서나 이타주의가 존재한다. 사회는 항상 그 구성원들에게 연대의식을 심어주기 때문이다. 우리는 또 인류 역사의 초기부터 비록 지나치게 형식적이기는 하지만, 이타주의를 발견한다. (《사회분업론》, 293)

즉, 그는 분업이 인간에게 연대의 기본을 제공하고, 연대가 있는 곳에 이타성이 자란다고 본 것이다.

뒤르켐은 “현대사회의 이타주의는 스펜서가 원하는 것처럼, 단지 우리의 사회생활을 우아하게 하는 일종의 장식품에 그치지 않고 오히려 집단생활의 기초가 된다. 우리가 이타주의 없이 어떻게 현실적으로 집단적 삶을 살아갈 수 있단 말인가? 인간은 서로를 이해하지 않고는 함께 살 수 없다. 그리고 서로 희생하면서 강력하고도 지속적으로 관계를 맺지 않으면 공존할 수가 없다”(《사회분업론》)라고 말한다. 이런 관점에서 보면, 모든 사회는 도덕적 사회이다. 또 다른 측면에서 보면, 사회의 이러한 도덕적 성격은 유기적 연대의 사회에서 더 분명하게 나타난다. 왜냐하면 개인은 혼자서는 자급자족할 수 없으며, 자신에게 필요한 모든 것을 사회로부터 받기 때문이다. 이는 개인이 사회를 위해 일하는 것과 마찬가지이다. 바로 여기에서 개인은 사회에 대해 아주 강력한 의존감을 느끼게 되는 것이다.

19세기보다 훨씬 더 다양한 사람들로 구성된 사회 속에서 하루하루를 살아가고 있는 우리들에게 사회학의 거장은 타인에 대한 친절과 애정, 이타성을 강조하고 있다. 결국 우리는 타인과의 공존을 통해서만 인간다운 삶을 영위할 수 있기 때문이다. 다름과 이질성이 병리적 현상으로 이어지지 않는 사회를 열어가기 위해서는 뒤르켐의 연구를 잊지 말아야 할 것이다.

참고 문헌

- 뒤르케임, 에밀. 《사회분업론》. 민문홍 옮김. 아카넷, 2012.
- 뒤르켐, 에밀. 《사회학적 방법의 규칙들》. 민혜숙 옮김. 이른비, 2021.
- 콩트, 오귀스트. 《실증주의 서설》. 김점석 옮김. 한길사, 2001.
- Durkheim, Émile. "The rules of sociological method." In *Social theory re-wired*. Routledge, 2023: 9–14.
- Smith, Adam. *An Enquiry into the Nature and Causes of the Wealth of Nations*. Random House, 1937.

더 읽어보기

에밀 뒤르켐. 《자살》. 변광배 옮김. 세창출판사, 2021.

Bearman, Peter S. "The social structure of suicide." *Sociological forum*. Vol. 6. Kluwer Academic Publishers-Plenum Publishers, 1991.

문체 연습

변주와 실험을 향한 무한한 텍스트

조재룡

이 글은 《떡갈나무와 개》(레몽 크노 지음, 조재룡 옮김, 민음사, 2020)에 실린 해설 〈운문의 소설적 실험—자전의 시적 이야기〉(163–190)와 〈작가 연보〉(157–161), 《문체 연습》(레몽 크노 지음, 조재룡 옮김, 문학동네, 2020)에 실린 작품 해제 〈외국어-모국어-번역어의 창조와 재창조〉(149–335)와 〈레몽 크노 연보〉(337–342)를 차용하여 재구성한 글이다.

1 작가 소개 및 작품 창작 배경

1.1 레몽 크노에 관하여

레몽 크노(Raymond Queneau, 1903-1976)는 1903년 2월 21일 프랑스 북부 해안 항구 도시 르아브르에서 외아들로 출생하였다. 학창 시절 모범생이었던 크노는 어렸을 때부터 글을 많이 써서 열세 살 무렵 스무 편가량의 소설과 다수의 시를 벌써 갖고 있었다. 영화와 역사, 외국어에 관심을 가졌으며, 열두 살부터 지속적으로 일기를 쓰기 시작했다. 1920년에는 대학 입학 자격을 취득하고 파리 소르본대학 철학과에 입학하여 문학과 수학을 전공하다가 다시 철학과 심리학을 공부하여 수료했다. 그는 앙드레 브르통이 주도한 초현실주의 그룹을 만나 일명 '사토 거리의 모임'에 속한 자크 프레베르, 이브 탕기, 마르셀 뒤아멜 등과 교류하였으나, 이후 브르통을 중심으로 한 초현실주의 그룹을 '완전히 개인적'이라고 평가한 후 떠났다.

1931년 그는 조르주 바타유와 함께 보리스 수바린이 주도한 '민주공산주의클럽'에 가입했고 1933년까지 공동 작업으로 기관지《라 크리티크 소시알(La Critique sociale)》을 발간하였다. 1933년 첫 소설 〈잡초(Le chiendent)〉를 출간하였고 비평가들과 애호가들의 열렬한 지지 속에서 이 작품으로 되마고

(Deux-Magots) 상을 수상하였다. 1938년 크노는 갈리마르 출판사의 도서 검토 위원으로 입사하였으며 갈리마르에서 〈진흙의 아이들(Les enfants du limon)〉을 출간하였다. 이 소설은 1930년에 착수한 문학적 광인들에 관한 연구의 일부를 담고 있다.

1939년 〈지독한 겨울(Un rude hiver)〉을 발표한 크노는 군에 징집당한다. 나치 점령 시절 1941년 갈리마르 출판사의 사무국장이 된 크노는 친독 성향을 띠게 된 《누벨 르뷔 프랑세즈(N. R. F.)》의 협력 요구를 거절한다. 그해 소설 〈뒤죽박죽 날씨(Les temps mêlés)〉가 출간되었으며, 연이어 소설 〈내 친구 피에로(Pierrot mon ami)〉(1942), 〈눈-물(Les ziaux)〉(1943), 〈뤼에이로부터 멀리(Loin de Rueil)〉(1944)를 발표한 크노는 해방이 되자 나치 점령 기간 중 항독 비밀 결사 단체로 결성된 '전국작가위원회'의 부회장이 되었다.

이후 크노의 작품은 다방면에 걸쳐 다양한 형태로 나타난다. 소설로는 〈성(聖) 글랭글랭(Saint-Glinglin)〉(1948), 〈인생의 일요일(Le dimanche de la vie)〉(1952), 〈지하철 소녀 쟈지(Zazie dans le métro)〉(1959), 〈연푸른 꽃(Les fleurs bleues)〉(1965), 〈이카로스의 비상(Le vol d'Icare)〉(1968)이 있으며, 시집으로는 《운명의 순간(L'instant fatal)》(1948)과 교훈시를 복원한 《휴대용 우주형성소론(Petite cosmogonie portative)》(1950), 삼부작인 《거리를 달리다(Courir les rues)》(1967), 《들판을 쏘다니다(Battre la campagne)》(1968), 《파도를 가르다(Fendre les flots)》(1969)를 출간했다. 언어에 관한 비평 에세이 《선, 숫자, 그리고 글자(Bâtons, chiffres et lettres)》(1950), 역사에 관한 에세이 《표본 역사(Une histoire modèle)》(1966), 수학에 관한 에세이 《변(邊)들(Bords)》(1963) 등도 있다.

레몽 크노

작품의 왕성한 출간 이외에도 크노는 다양한 활동을 선보였다. 바타유, 모리스 메를로-퐁티와 함께 그는 1932년부터 1939년까지 파리 고등연구원에서 진행된 알렉상드르 코제브와 샤를-앙리 퓌에크의 헤겔 강의에 문하생으로 참여하였고, 청강 노트를 바탕으로 헤겔의《정신현상학》에 대한 코제브의 강의록《헤겔 강독 입문(Introduction à la lecture de Hegel)》(1947)을 출판하였는데, 이 책은 헤겔 해석에 있어 획기적인 성과를 거둔 것으로 평가받았다. 그는 샹송 〈낭비벽이 있는 정부(La croqueuse de diamants)〉(1950)를 작사했으며, 르네 클레망 감독의 영화 〈리푸아 씨(Monsieur Ripois)〉(1954), 루이스 부뉴엘 감독의 〈이 정원에서의 죽음(La mort en ce jardin)〉(1955)에 시나리오 작가로 참여하기도 했다. 1951년 '아카데미 공쿠르' 회원으로 선출된 그는 1954년 갈리마르 출판사의 '플레이아드 총서'의 책임 편집자가 되었다. 크노는 조르주 뒤 모리에의 소설 〈피터 이벳슨(Peter Ibbetson)〉(1946), 아모스 투투올라의 소설 〈야자열매술꾼(L'ivrogne dans la brousse)〉(1953)를 프랑스어로 번역한 번역가였고, 1960년에는 프랑수아 르 리오네와 함께 잠재문학작업실 '울리포(OULIPO)'를 창립했다.

1.2

레몽 크노의 작품 세계

시인이자 소설가, 시나리오 작가, 수학자, 번역가, 화가, 출판인 등으로 다채로운 삶을 살았던 크노는 평생 천여 편에 가까운 시와 열다섯 편의 소설, 그밖에 순수문학과 대중문화를 넘나들면서 수많은 글을 남겼다. 크노는 구어(口語)와 시어(詩語)에 대한 지대한 관심과 언어의 극단적 실험을 통해 고유하고 특이한 방식으로 '놀이'로서의 문학 세계를 구축해 나갔다. 크노가 대중적으로 널리 알려지게 된 첫 신호탄은 바흐의 푸가에서 영감을 받아 아흔아홉 가지 문체로 하나의 일화를 변주해 낸《문체 연습(Exercices de style)》이었다. 작품은 대중들의 폭발적인 반응을 끌어냈다. 전례를 찾아보기 힘든 독특한 글쓰기를 통해 커다란 반향을 불러일으킨 이후, 크노는 〈지하철 소녀 쟈지〉로 다시 한번 대중의 곁에서 성공을 거두었고, 베스트셀러가 된 〈지하철 소녀 쟈지〉를 시작으로 〈내 친구 피에로〉, 〈인생의 일요일〉, 〈연푸른 꽃〉 등 발랄한 웃음 속에서 심원한 철학적 성찰을 담아낸 독자적 스타일의 소설로 널리 인기를 얻었다. 크노는 솔직하고 서민적인 감각을 특색으로 삼는 한편, 깊이 있고 박학다식한 교양을 갖춘 이지적 인물이기도 했다. 인문학의 다양한 영역을 섭렵하였던 크노는 아마추어 수학자의 면모를 지니기도 했으며, 서유럽 언어들은 물론, 라틴어, 그리스어, 아랍어, 중국어 등 스무 개가 넘는 언어를 익힌 바 있고, 나아가 철학과 역사, 신화에도 조예가 깊었다.

1950년 프랑스 전위 연극의 시조 알프레드 자리에게서 물려받은 '상상력에 의해 해결을 도모하는 과학(Pataphysique)'을 비밀리에 연구하는 집단 '콜레주 드 파타피지크'에 들어가 총수가 된 크노는 이듬해에 프랑스에서 가장 권위 있는 문학상인 공쿠르상 선정 위원회인 '아카데미 공쿠르'의 회원으로 선출되기도 했다. 1948년 이래로 프랑스 수학협회 회원이 되어 활동한 그는 수학에 지대한 관심을 두고서 다양한 방식으로 자신의 글쓰기에 접목하였다. 크노의 수학에 대한 열정은 문학과 접점을 이루어 독창적인 작품을 탄생시켰으며, 1960년 수학자와 문인들로 구성된 실험문학 단체 '울리포'에서 화려하게 꽃을 피운다. 크노가 창립자 역할을 했던 '울리포' 그룹은 문학성을 이루는 다양한 요소들에 천착했으며 이 중에서도 '제약(contrainte)'의 고안을 통해 언어에 잠재된 가능성 일체를 일깨우고 활성화하는 데 목적을 두고 일련의 실험을 감행하였다.

크노의 작품은 초현실주의에서 '울리포'에 이르기까지, 새로운 형태의 발명과 언어의 시적인 자원을 최대한 활용하는 데 바탕을 두었다. 크노의 주된 관심사 중 하나는 문학의 기술적·형식적 측면이 감추고 있는 가능성을 일깨우는 것이었다. 그는 문학의 재료이자 근간이며, 존재 자체라고 할 언어를 전통적 관점에서 탈피하여 새로운 형식으로 재구성하고자 문어와 구어, 일상어와 문학어, 고급어와 속어나 은어 등의 거리를 제거하는 데 몰두하였다. 백과전서와 같은 양상을 지닌 그의 문학 세계는 기존의 문학 장르를 답습하는 대신 색다른 형식을 자유롭게 구성하는 데 몰두한다. 예를 들어, '운문소설'이라는 부제를 붙인 첫 시집 《떡갈나무와 개(Chêne et chien)》는 말 그대로 '운문으로 만들어진' '소설'로, 어린 시절과 정신분석의 체험을 포함한 자전적 이야기를 색다른 방식으로 담아낸 작품이다. 크노는 다양한 정형시의 형식을 채택하여 어린 시절부터 시작되는 자전적 소설을 전개한다. 예를 들어, 1903년 2월 22일 탄생하자마자, 유모에게 맡겨져 양육되었다는 자전적 이야기를 그는 알렉상드랭 시구(6음절+휴지+6음절)와 6음절 시구의 교차로 전체가 구성된 정형시를 통해 구현한다.

나는 천구백삼년 이월하고도 이십일일에
르아브르에서 태어났다.
어머니 잡화상인 아버지도 잡화상인이었다:
두 분은 기뻐 날뛰었다.
이루 말할 수 없는 부당함을 내가 깨닫게 된
어느 아침 나는 넘겨졌다
구두쇠에 멍청한 여자, 내게 자신의 젖가슴을
드밀은 어느 유모의 품으로.
믿기 힘들었던 것은 이 우유 부대에서 내가
진수성찬을 끌어냈다는 사실
말하자면 배[梨] 모양의, 여성 기관에, 내 입술을
아주 바짝 눌러대면서 (《떡갈나무와 개》, 8-9)

평범한 소설처럼 보이는 첫 작품 〈잡초〉도 자세히 살펴보면 수학적 규칙을 겹겹이 두른 퍼즐처럼 이야기 전반이 구성되어 있다. 제임스 조이스의 영향을 받은 것으로 알려진 이 소설은 일곱 개의 장으로 나뉘고, 각각의 장은 열세 개의 부분으로 다시 나뉘어, 총 91(7×13)의 섹션으로 구성된다. 그는 이 작품에서 각 섹션마다 등장인물이 들고 나는 출입 횟수까지 정확하게 통제하여 마치 시의 각운(脚韻)이 맞추어지듯 상황과 행동이 정확하게 반복되어 나타나는 글쓰기를 보여 주었다. "시가 규칙과 기교를 만드는 자들의 축복받은 대지였다면, 이와 달리 소설은 존재한 이래로 모든 법칙을 벗어나 있다"라는 전통적인 생각을 거스르며, 크노는 문학 작품이라면 응당 고유한 구조와 독특한 형식을 갖추어야 한다고 여겼다.

《문체 연습》 외에, 형식적 엄밀성에 대한 크노의 집념을 가장 잘 보여 주는 작품으로 《시 100조(兆) 편(Cent mille milliards de poèmes)》(1961)이 있다. 《시

《시 100조 편》

100조 편》에는 "각각 하나의 주제와 연속성"을 가진 소네트 열 편이 실려 있을 뿐이다. 그러나 이 소네트를 구성하는 열네 개의 시행 각각이 잘려져 있는데, 독자가 잘린 종이를 넘겨 가면서 어떤 소네트의 한 행을 다른 소네트들의 각 행과 자유롭게 조합될 수 있도록 고안되었다. 크노의 계산에 따르면, 열 편의 소네트 각각의 행이 조합되는 경우의 수는 10(소네트의 편수)의 14제곱(각 소네트의 행수), 즉, 100조 개이다. 이런 조합으로 가능한 소네트를 모두 읽으려면, 우리가 종일 독서에 몰두한다고 해도 대략 2억 년가량의 시간이 걸린다고 한다. 고작 십여 페이지 남짓한, 비교적 얇다고 해야 할 이 작은 책은 바로 이렇게 텍스트의 무한 생산 기계로 변모한다. 무한에 가까운 독서의 가능성은 머릿속 상상의 공간에서 빠져나와, 직접 손으로 만질 수 있고 눈으로 볼 수 있는 형태의 책과 각각의 페이지, 그리고 한 권의 책을 이루는 종이 안에 고스란히 담기게 된 것이다. 기발한 한편 깊은 성찰의 결과라고 할 그의 언어-실험적 모험은 《문체 연습》과 함께 정점에 달한다.

2 《문체 연습》의 기획과 구성

2.1 《문체 연습》의 집필 및 발간 시기

《문체 연습》의 집필 및 발간 시기는 세 가지로 구분할 수 있다. 1942년에서 1947년 사이가 첫 번째 시기이다. 1947년 '초판' 발간 이전, 크노는 '저항 정신'으로 대표되는 다양한 군소 잡지에 몇몇 작품들을 발표한 바 있었는데, 그중 장 레스퀴르가 주도했던 잡지《메시지(Messages)》에 열다섯 편이 실렸으며, 이 열다섯 편은《문체 연습》의 초판에 순서 그대로 다시 실렸다. 이 시기 이후부터 1963년, 크노가 서문을 집필하고 카를만의 삽화와 마송의 타이포그래피 작업이 이루어진 '화보판'이 발간되기까지가 두 번째 시기이다. 친구 미셸 레리스와 함께 갔던 연주회에서 바흐의 '푸가'를 듣게 된 것이《문체 연습》을 집필하게 된 동기였다고 크노는 1963년 '화보판'의 서문에서 말한다.

> 내가《문체 연습》을 쓰게 된 것은, 실제로, 그리고 아주 의식적으로, 바흐의 음악, 정확하게 말하자면, 플레옐관(館)에서 열린 연주를 회상하면서였다. 그게 전쟁 전의 일이었던가? 어쨌든 내가 열두 편(게다가

《문체 연습》 화보판

이 열두 편은 책의 첫머리에 실리게 되었다)을 구상했던 것은 1942년 5월이었다. 나는 작업에 매달렸고, 이 보잘것없는 열두 편의 에세이에 〈정십이면체(Dodécaèdre)〉라는 제목을 붙였는데, 그것은, 우리 모두 잘 알고 있듯, 이 아름다운 다면체가 열두 개의 얼굴을 갖고 있기 때문이다.

이후 1960년대에서 신판이 출간된 1973년까지를 세 번째 시기라고 할 수 있다. 이 시기, 작품의 심도 있는 수정 작업이 행해졌는데, '잠재문학작업실(Oulipo)'의 창조와 연관 선상에서 진행되었던 작업이 대부분을 이룬다. 1950년도와 1960년도 사이 《문체 연습》은 음악으로 변주되어 공연되거나, 연극으로 개작되어 여러 차례 상연되기 시작하였으며, 이후 다양한 시청각 자료로 제작되기도 하였다.

2.2

《문체 연습》의 구성

《문체 연습》은 '목이 제법 길고, 리본 대신 배배 꼰 줄 두 개를 두른 이상한 중절모(통상 중절모에는 줄을 꼬아 겹으로 두르거나 하지 않으며, 두툼한 띠를 하나 두르고 그 띠를 리본으로 매듭을 지을 뿐이다)를 쓰고 있는 젊은이가 만원 버스에 올라타, 차장이 승객을 태우고 표를 걷는 동안, 개성이 없다시피 하며 자신보다 나이가 조금 더 든, 옆의 어느 신사에게 버스에 사람들이 오르고 내릴 때마다 그가 일부러 자기 발을 밟았다고 시비를 걸더니, 빈자리가 나자 아무 일 없었다는 듯 쪼르륵 거기로 달려가 앉는다'라는 내용의 전반부와 '이후 두 시간 정도 지나, 생라자르 역 앞에서 제 동료를 만나 그 근처를 왔다 갔다 하면서, 외투의 단추를 올려서 달라는 친구의 평범한 충고를 목이 긴 이 청년이 듣는 것을 내가 목격한다'라는 내용을 골자로 삼은 후반부로 구성된 어느 날 오후, 정오 무렵에 벌어진 이야기로 구성되어 있다. 이 반쪽짜리도 안 되는 단순한 일화가 '푸가'의 변주처럼 아흔아홉 방식으로 변주되기 시작한다.

《문체 연습》은 에세이도 소설도 단편 모음도 아니며, 콩트라고 하기에도 어려움이 따른다. 전통적인 의미에서 문학이라는 이름에 부합하는 구성과 내용을 지닌 것도 아니다. 단지 하나에서 시작하여 아흔아홉에 이르기까지 매번 바뀌는 놀이, 매번 다른 규칙을 부여받아 하나하나 풀어내며 다음 단계로 나아가는 놀이와도 닮았다. 크노는 문학 전통 속에서 꾸준히 진화하며 고유한 역사를 갖게 된 문체나 아직 형식을 부여받지 않는 무형식의 문체, 문어보다는 입말로 자주 실현되는 문체, 일상적으로 사용되지만, 문학의 언저리에 좀처럼 진입하지 못하는 문체, 사라진 문체, 낡은 것으로 치부되어 폐기될 위험에 처해 있는 문체, 특수한 글쓰기를 훌륭하게 실현하는 문체, 백지에서 벗어나 목소리로 발화되는 문체, 외국어가 침투하고 침투된 문체, '잠재'와 '제약'으로 이루어진 문체를 하나의 테이블 주위에 불러내 각양각색 아흔아홉 개의 의자에 앉힌다.

3 《문체 연습》, 끊임없이 분기하는 일화의 변주들

3.1 중심 파불라—1 〈약기〉와 16 〈객관적 이야기〉

1 〈약기(略記)〉와 16 〈객관적 이야기〉는 《문체 연습》의 핵심 파불라로, 작품의 기본을 이루는 텍스트라고 하겠다.

> 출근 시간, S선 버스. 스물여섯 언저리의 남자 하나, 리본 대신 끈 둘린 말랑말랑한 모자, 누군가 길게 잡아 늘인 것처럼 아주 긴 목. 사람

들 내림. 문제의 남자 옆 사람에게 분노 폭발. 누군가 지날 때마다 자기를 떠민다고 옆 사람을 비난. 못돼먹은 투로 투덜거림. 공석을 보자마자, 거기로 튀어감.

두 시간 후, 생라자르역 앞, 로마 광장에서 나는 그를 다시 만남. 그는 이렇게 말하는 친구와 함께 있음: "자네, 외투에 단추 하나 더 다는 게 좋겠어." 친구는 그에게 자리(앞섶)와 이유를 알려줌. (1 〈약기〉)

'약기'는 메모나 노트처럼, 잊기 전에 급하게 적어두는 것을 의미한다. 이 텍스트는 20 〈엉터리 애너그램〉, 31 〈완료된 과거〉, 35 〈앞이 사라졌다〉, 36 〈뒤가 사라졌다〉, 37 〈가운데가 사라졌다〉, 40 〈그러자 말이야〉, 68 〈평행 이동〉, 70 〈영어섞임투〉, 75 〈글자 바꾸기〉에는 매우 명시적으로, 30 〈현재〉, 46 〈같은 음을 질리도록〉, 78 〈이북 사람입네다〉, 80 〈거꾸로〉, 84 〈미쿸 쏴아람임뉘타〉, 85 〈지저분한 엉터리 철자교환원〉, 86 〈식물학 수업〉, 87 〈의사의 소견에 따라〉, 90 〈동물농장〉, 95 〈기하학〉에서는 암시적으로 변주에 필요한 저본 역할을 한다.

어느 날 정오경 몽소 공원 근처, 거의 만원이 되다시피 한 S선 (요즘의 84번) 버스의 후부 승강대 위에서, 나는 리본 대신에 배배 꼰 장식줄을 두른 말랑말랑한 중절모 하나를 쓰고 있는 어떤 사람을 보았는데 그는 정말로 긴 목의 소유자였다. 이 사람은 승객이 오르고 내릴 때마다 일부러 제 발을 밟았다고 옆 사람을 갑자기 불러세웠다. 그러다가 그는 비게 된 자리에 제 몸을 던지려고 따져 묻던 짓을 재빨리 그만두었다.

두 시간이 지난 후, 나는 그를 생라자르역 앞에서 다시 보았는데, 그는 솜씨 좋은 재단사에게 단추를 올려 달게 해서 앞섶을 좀 줄여보는 게 어떻겠냐고 그의 외투를 가리키며 그에게 충고를 건네는 어떤 친구와 큰소리로 대화를 나누는 중이었다. (16 〈객관적 이야기〉)

16 〈객관적 이야기〉는 주관성을 철저히 배제하여 인물-장소-시간 등에 관한 정보를 제공하고 사건을 덤덤하게 설명하는 문체로, 1 〈약기〉와 더불어 《문체 연습》 전반에서 또 다른 문체를 만드는 데 사용되는 토대 이야기, 즉 핵심 파불라 중 하나로 여겨진다. '객관적 이야기'는 명시적으로 61 〈글자 단위로 바꾸기〉, 62 〈낱말 단위로 늘려가며 바꾸기〉, 77 〈고유명사〉에서 변주의 저본으로 사용되었으며 21 〈정확하게 따져서〉나 28 〈아는 게 없어서〉를 비롯하여 상당수의 텍스트가 암시적인 방식으로 이 '객관적 이야기'를 변주하였다. 이 두 개의 이야기를 기본 파불라라고 한다면, 시선과 관점을 달리할 때 동일한 이야기도 완전히 달라진다는 사실을 드러내는 문체들이 있다.

그러니까 말이야, 금일의 내 옷차림에 내가 못마땅해하고 있었던 건 아니었어. 나는, 제법 재미있어 보이는 새 모자 하나, 그리고 아주 좋다고 생각하고 있던 외투 하나를 마침내 개시한 것뿐이라고. 생라자르역 앞에서 만난 한 아무개는, 내 외투의 앞섶이 너무 벌어져 있다면서 여분의 단추 하나를 거기에다 더 달아야 한다는 사실을 내게 지적해 보임으로써 내 즐거움을 망치려 들지 뭐야. 그래도 그 녀석 내가 쓰고 있는 벙거지를 비난할 엄두는 내지 못하더란 말이지.

조금 전에는, 사람들이 오르거나 내리면서 지날 때마다 일부러 나를 떠밀고 괴롭혔던 버르장머리 없는 작자 하나를 보란 듯이 쫓아버렸다고. 내가 이용하겠다고 응할 수밖에 없는 마침 그 시간대에 인간 종자들로 빼곡히 들어차 있던, 그렇게 아주 불쾌하기 짝이 없던 승합차 중 하나에서 일어난 일이었다고. (14 〈당사자의 시선으로〉)

오늘 버스 안 승강대 위 바로 내 옆에는, 어디서도 찾아보기 힘든 코흘리개 애송이 중 한 녀석이 있었는데, 오, 다행이라고 해야 하나, 그렇지 않았다면, 그런 자식 중 하나쯤 그냥 죽여 버리고 말았을지도 몰라. 그 자식, 그러니까 대략 스물여섯에서 서른 살 정도 처먹은 이 덜 떨어진 애새끼는, 반드시 깃털이 모조리 빠진 칠면조 목덜미 같은 그 길쭉한 목 때문이었다기보다, 오히려 그 자식 쓰고 있던 모자에 달린 리본, 그러니까 가짓빛을 띤 끈 같은 것이 리본을 대신하고 있다는 사실이, 정말이지 유달리 내 화를 돋우고 있었어. 아니, 이런 개자식을 봤나! 아, 정말이지 구역질나는 새끼같으니나고! 그 시간에 우리가 타고 있는 예의 저 버스에는 정말 사람들이 가득했던지라, 그 자식 갈비뼈 사이로 팔꿈치를 꾹꾹 찔러 밀어보려고 나는 사람들이 차에 오르거나 내릴 때 발생하는 혼잡한 틈을 교묘히 이용하곤 했어. 본때를 보여주려고 내가 그 자식의 발등을 살짝살짝 밟아버리겠다는 중대한 결심을 내리기 바로 직전, 비겁하게도 그 자식 어디론가 꽁무니를 내빼는 거 있지. 오로지 그 자식 기분을 망쳐 버릴 목적으로, 지나치게 벌어진 그 자식의 외투에 단추 하나 모자란다고, 내가 그 자식에게 말해버릴 수도 있었다고. (15 〈다른 이의 시선으로〉)

14 〈당사자의 시선으로〉는 '청년'의 관점에서 모든 것을 기술하지만 15 〈다른 이의 시선으로〉는 청년에게 발을 밟히고 시비 대상이 된 '신사'의 입장에서 이야기를 구성한다. 서로의 속내를 적나라하게 드러내는 이 두 이야기는 보는 관점, 즉 누구의 시점을 택하느냐에 따라 하나의 사건이라도 확연하게 달라지는 서사의 층위를 드러낸다. '당사자의 시선으로'가 건방지고 거만한 청년의 적나라한 비난과 고상한 척하는 위선을 드러내었다면, 과격하고 분노로 가득한 '다른 이의 시선으로'는, 무작정 시비를 거는 청년에게 통쾌하게 응수하지 못한 억울함을 마음속에 담아 지독한 욕설을 퍼붓는다.

마찬가지로 시점-관점을 통해 사건이 달리 구성되는 문체로는 "버스표를 승차권 묶음에서 찢어내면서 옆 사람들을 자세히 들여다보기 시작"한 내가 "제 조막만 한 머리 위"에 "커다란 모자를 쓰고" 있는 "가장 별 볼 일 없는 녀석 하나를 발견"하고는, 일방적으로 신사를 몰아세우는 청년과 그에게 아무런 대꾸도 하지 못하는 신사 사이에 벌어진 사건을 매우 편파적으로 기술하는 52 〈편파적으로〉나 "그들 중 한 명, 어마어마하게 길쭉한 목에다가 우스꽝스러운 낯짝의 소유자, 리본 자리에 가는 끈을 두른 말랑말랑한 중절모 하나를 쓰고 있었고 그래서 다소 오만해 보이며 갑자기 자기가 뭐라도 된다고 착각한 건지 뭔지, 제 옆 사람에게 그가 자기 발등을 일부러 밟는다고 비난하면서 싸우려고 작정을 한 얼굴로, 그러나 이내 겁먹고 찌그러지겠지만, 격렬하게 욕을 퍼붓기 시작했는데…….”처럼, 객관적 방식의 서술과 주관적인 내적 독백 간의 교차 서술로 구성되어, 독백 부분을 모두 덜어내고 읽으면 객관적 사건이 되는 반면 굵은 표기로 강조된 혼잣말을 읽으면 일기를 낭독하는 것과 비슷한 효과를 빚어내는 45 〈속으로 중얼중얼〉이 있다.

> 자네 외투에 단추 하나 더 다는 게 좋겠네, 그의 친구가 그에게 말하고 있다. 나는 로마 광장 한복판에서 그를 만나게 될 터였는데, 어떤 좌석 하나를 향해 탐욕스럽게 돌진하던 그를 떠나온 떠나온 후의 일이다. (…) 승강대 위, 어떤 S선 만원 버스에서, 오늘 정오에 있었던 일이다. (5 〈거꾸로 되감기〉)

> 배도 아니고, 비행기도 아니고, 지상의 운송 수단이었다. 아침도 아니고, 저녁도 아니고, 정오였다. 아기도 아니고, 노인도 아니고, 청년이었다. (…)
>
> 부모도 아니고, 모르는 사람도 아니고, 어떤 친구였다. 욕설도 아니고, 조롱도 아니고, 의복에 관한 조언이었다. (18 〈부정해가며〉)

시간을 거슬러 '약기'의 내용을 재현한 5 〈거꾸로 되감기〉는 장면을 거꾸로 되감아 회상하는 방식으로 이야기를 재구성하며, 'A도 아닌, B도 아닌, 바로 C였다' 식의 '부정'으로 처음부터 끝까지 이야기를 만들어 나가는 18 〈부정해가며〉는 낱말들을 하나씩 제거해 가면서 대상이 아닌 것들의 차이만으로 대상을 드러낸다. 부정을 거듭하면서 하나씩 가능성이 지워지는 동시에 새로운 가능성이 생겨나 마침내 하나를 확정 짓는 행위를 반복하다 보면 희미하던 윤곽이 점점 드러난다. 이 둘 역시 시점-관점을 십분 활용한 문체이다.

3.2
문학 장르—정형시, 노래, 희곡

《문체 연습》은 정형시, 소네트, 알렉상드랭, 자유시, 동요, 희곡 등 온갖 문학 장르의 변주를 보여주는 문체로 구성된다.

모일, 에스 문양　　　버스, 나란 남자,
불평과 불만을　　　터뜨리는 작자
하나 마주하네!　　　터번의 주위에
줄 하나 있었네,　　　리본의 자리에.
따분한 겉모습,　　　이 새파란 종자,
엄청난 목덜미,　　　썩은 내 풍기자

그를 구타했다　　　　떠밀었다 말한
늙은 시민 있어,　　　그 누가 소박한
집에서 끼니 때　　　　시간을 들여서
그를 쫓겠는가,　　　　숨차게 달려서.
추문은 없었다　　　　침울한 모씨가
자리로 내빼어　　　　뻴쭘 앉았는가.
나 좌 피안으로　　　　다시 돌아오네
이 추한 작자 또　　　　눈에 들어오네
동행한 저 바보　　　　멋쟁이 말하지,
"자네 단추 여기　　　　달면 곤란하지." (33 〈알렉상드랭〉)

알렉상드랭(alexandrin)은 프랑스를 대표하는 정형시구이며, 고전시를 포함하여 19세기 대다수 시뿐만 아니라 라신이나 코르네유 희극의 주요 장면도 이에 기반을 두었다. 알렉상드랭 시구는 '6음절 단순 시구+휴지기+6음절 단순 시구'로 구성된다. 알렉상드랭을 구성하는 두 개의 6음절인 반구(半句) 사이에는 반드시 휴지(休止)가 와야 한다.

얼빠진 대갈통　　　　줄 꼬인 모자네,
오래전 마련된,　　　일상사 충돌한,
멜랑콜리 목에　　　　허약한 무뢰한
만석에 가까운　　　　버스에 오르네.

십번 혹 에스선　　버스가 온다네.
경적을 울리는　　차량의 사람들
비좁은 한복판　　소란한 군중들
별난 촌뜨기가　　염장을 지르네.

갑판을 기어가　　재앙을 원하네
첫 연에서 말한　　애송이 기린이
순진한 노신사　　위협을 가했네.

궁지를 벗어날　　자리가 생기네
잽싸게 앉는다　　흐른다 시간이
단추 고찰 중인　　그자 다시 보네. (53 〈소네트〉)

소네트(sonnet)는 유럽 전통 시형 중 하나로, 3행시 둘로 구성된 6행시와 4행시 둘로 구성된 8행시의 조합으로 구성되어 총 14행을 이룬다. 8행시와 6행시의 교차로 구성되는 소네트 각각의 시구는 통상 알렉상드랭 형식을 취하며, 연은 각 행의 마지막에 각운(rime)을 부여한다.

제1막

장면 I

(어느 날, 정오 무렵, S선 버스의 후부 승강대 위.)

차장: 요금이요, 요금. 요금 내셔야지.

(승객들이 차장에게 요금을 건넨다.)

장면 II

(버스 멈춰 선다.)

차장: 승객들 내립니다요. 내려요. 한 사람만 타세요! 딱 한 사람만! 만원입니다. 딸랑, 딸랑, 딸랑.

제2막

장면 I

(같은 배경.)

첫 번째 승객(끈 달린 모자 쓴, 긴 목의 젊은이): 이봐요, 영감님, 사람들 지날 때마다 제 발 일부러 밟으시는 거 맞죠.

두 번째 승객: (황당한 듯, 그저 으쓱, 어깨를 올릴 뿐이다.) (44 〈희곡〉)

총 3막으로 구성된 44 〈희곡〉에 등장인물은 운전사, 승객 세 명, 그리고 젊은이다. 배경을 비교적 상세히 묘사해 놓은 지문과 단문의 툭툭 끊어지는 압축적인 대사가 서로 어우러져 거뜬히 파불라를 구성한다.

어느버스 안이었네

좁은버스 안이었네

에스노선 버스하나
수다떠는 버스하나
길위에서 빙글빙글
돌고돌며 뱅글뱅글
아직갈길 멀다하네
들쭉날쭉 달린다네
몽소공원 근처에서
몸소공원 근방에서
아주더운 정오경에
아직더운 여름날에
멀대같은 개구쟁이
모가지는 길쭉하고
낙지같은 모자쓰고
모자같은 낙지쓰고
어느버스 안이었네
좁은버스 안이었네 (60 〈동요〉)

60 〈동요〉의 원제는 '오드(ode)'이다. 오드는 고대 그리스 시대에는 노래로 불렸으며 '송시(頌詩)'나 '송가(頌歌)'로 번역되기도 한다. 크노는 오드의 특징인 "균형 잡힌 리듬에 토대를 둔 동일한 연의 반복"을 살려내고자 각 행을 4음절로 맞추었으며 4행 단위로 각운 체계를 부여하여 전체 94행을

구성하였다. 이 과정에서 적잖은 신조어와 재미있는 말놀이가 만들어졌고, 여기에 전체적으로 박자가 어우러지면서 노래와 비슷한 형태를 취하게 되었다.

가득찬
버스
텅 빈
마음
기다란
목
끈 달린
리본
편평한
편평한 그리고 납작해진
두 발
텅 빈
자리

저 꺼진 수천 개의 불빛, 기차역 근방에서 이루어진
그 마음, 그 목, 그 리본, 그 두 발의,
텅 빈 그 자리의, 그리고 그 단추의

저 예기치 않은 만남. (67 〈자유시〉)

19세기 중반 알로이시위스 베르트랑과 그에게 영향을 받은 샤를 보들레르가 산문시를 시도하기 전까지, 프랑스의 시는 각운의 체계를 고수하고, 규칙적인 시절(연)의 수, 행수 등을 맞춘 정형시였다. 19세기 중반 귀스타브 칸, 쥘 라포르그, 앙리 드 레니에 등은 일체의 정형률에서 벗어나 '시행(詩行, ligne)'이 리듬의 단위를 이루는 '자유시'를 선보였다.

버스가 오네
재즈 모[帽] 청년 타니
어이쿠 충돌
차후 생라자르 앞
이제 단추가 문제. (66 〈단카〉)

66 〈단카〉: '단카'는 '간략한 노래'를 의미하는 일본 전통 시형 중 하나로 총 31음절로 구성된 5행시이며, 행의 음절 수는 각각 5·7·5·7·7로 배분된다.

3.3

비유법—곡언과 은유

《문체 연습》에는 비유법을 활용하여 구현한 문체가 여럿 존재한다.

> 우리 몇몇은 함께 이동 중이었습니다. 그다지 총명하다고는 할 수 없는 얼굴을 한 청년 하나가, 자기 옆에 있던 어느 신사분과 잠시 말을 나누고 있었고, 그런 다음, 막 앉으러 갈 참이었습니다. 두 시간이 지나, 저는 그 청년을 다시 만나게 되는데, 그는 어떤 동료 한 분과 동행하며 그저 잡담처럼 옷 이야기나 하고 있었던 것이지요. (3 〈조심스레〉)

3 〈조심스레〉의 원제는 수사학 용어인 '완서법(緩敍法)'이나 '곡언법(曲言法)'으로 "더 많은 부분을 이해하게 하려고 적게 말하는 표현법"을 의미한다. '버스를 타고 간다' 대신 "우리 몇몇은 함께 이동 중"이었다고 표현하거나, '우스꽝스러운 청년' 대신에 "그다지 총명하다고는 할 수 없는 얼굴을 한 청년"으로 대치하면서, 노골적이거나 직접적인 충돌을 피해 최소한의 말로 최대한의 무엇을 상상하게 만든다.

> 하루 한낮에, 배때기가 희끄무레한 딱정벌레에 올라타 여행중인 정어리떼에 몸을 내던진 채, 털 뽑힌 기다란 모가지의 햇병아리 한 마리가, 정어리들 가운데 얌전히 있던 한 놈에게 갑자기 열변을 늘어놓았

고, 그의 말투는 항의로 질펀하게 젖은 채 대기 속으로 유유히 퍼져나 갔다. 그런 후, 허공에 매료되어, 이 햇병아리는 그곳으로 돌진하였다.

스산한 도시사막에서, 같은 날 나는 하찮은 단추 하나에 대한 오만함 때문에 한바탕 야단맞고 있는 그를 다시 보았다. (4 〈은유적으로〉)

4 〈은유적으로〉는 연상이나 대조, 유사 등을 활용하여 상황 전반을 비유로 구성한 문체를 보여준다. 1940년대 후반 당시 프랑스의 버스는, 뒤에서 그 모습을 바라보면 둥글게 말려 올라간 것이 커다란 딱정벌레를 떠올리게 했다. 또한 버스 안의 비좁은 상태를 "정어리 떼에 몸을 내던지다"라고 표현했는데, 이는 프랑스어에서 사람들이 빽빽이 들어찬 상태를 '정어리들이 재여있는 통조림'에 비유하기 때문이다. 목이 긴 청년은 "털 뽑힌 기다란 모가지의 햇병아리 한 마리"로, 생라자르역 주변은 "스산한 도시사막"으로 비유되었다.

3.4

말놀이-언어유희—조합과 융합, 반복과 소실

《문체 연습》에는 합성어, 동음이의, 동일음절과도반복, 중복하여 말하기, 동음어말반복, 어두음-어중음-어말음 소실 등 언어유희를 통해 구현된 문체가 실로 다양하게 포진해 있다.

루테치아식-정오의 시·공간에서 나는 매듭끈부착모(帽)착용 코흘리개 긴목쟁이 하나와 공동혼잡형으로 버스-승강대-기립실행했다. 이 애송이는 어떤 주변무명인에게 말했다: "당신, 내게 신체고의충돌하잖아?" 이것이 발화되자, 그는 탐욕적으로 스스로 공석점거감행했다. 후차적 시공상에서, 나는 모(某) 인물과 함께 생라자르광장산책중인 그를 다시 보았는데, 그 모씨는 그에게 이렇게 이유반복설명중이었다: "자네, 외투에 단추보완 요망일세." (17 〈합성어〉)

17 〈합성어〉는 두 개 이상의 낱말을 '충돌'시켜 하나의 단어로 만들어 낸 구절로 이야기를 구성하는 문체다. 이 단어들은 '신조어'이며 구어적이면서 유희의 성격이 강하다. "매듭끈부착모착용(tresseautourduchapeauté)"은 '매듭끈(tresse)'과 '주위(autour)' 혹은 '둘레'를 뜻하는 전치사 'du', 그리고 마지막으로 '모자(chapeauté)'를 합성하여 만들었으며, "공석점거감행하다(placelibra)"는 '자리(place)'와 '빈(libre)'을 합성하여 만들어진 '빈 자리를 차지하다'라는 뜻의 신조어이다. "생라자르광장산책하다(placesaintlazarait)" 역시 '광장(place)'과 '생라자르(saintlazare)'를 합한 뒤, '생라자르'에 동사 어미 '-ait'을 붙여 '노닐다', '거닐다'의 의미를 추가하여 한 단어로 만든 신조어이다.

만원車內 (印) 장식모착용 경추장대청년 (印) 불청객접촉시 足고의폭력거론 무작정시비 (印) 空좌석착석목적 논쟁자발적포기後

청년황급이동 (중략) 동일오후두시경 ROMA광장 (印) 단추이동 관련 동료충고 동청년경청장면목격. (印) 휘웅성 보냄 (59 〈전보〉)

지금은 거의 사라지다시피 했으나 편지 대신에 급한 상황에서 간략하게 문서를 전달하는 전보는 최대한 짧은 문구로 작성해야 했는데, 한 글자라도 추가되면 추가 요금을 내야 했기 때문이었다. 따라서 전보는 필연적으로 최대한 말을 줄이는 고유한 약어와 표기 체계의 고안, 그리고 축약이라는 말놀이에 토대를 둔다.

법원을 벗어난 84번 버스가 버드나무 곁에서 버티고 있었다. 한 번, 두 번, 세 번, 네 번……. 만에, 이 버스에 올라타버린 나는, 버거킹 치킨버거 같은 버섯 하나를 위에 단 버러지 같은 놈이, 벌떼들 뒤범벅 판에서, 제 두 벌 위로 버블티를 버렸다며 "돌아버리겠네"를 버릇처럼 반복하고 허벌나게 번복하면서, 아버지뻘이나 할아버지뻘에서 벗어나지 않은 한 버스 멤버의 버선발을 벌거벗기듯 밟아, 벌겋게, 버티지 못할 형벌을 버르장머리 없이 그에게 줘버리고 있는 걸, 어버버버……. 벙어리처럼 보고 있었다. (46 〈같은 음을 질리도록〉)

46 〈같은 음을 질리도록〉은 "표현적 혹은 미적인 의도"를 갖고서 특정 음의 반복을 제약으로 삼아 행해지는 '동일음절과도반복'을 의미한다. 이 문체는 시에서 조화로운 표현성을 담아내는 데 주로 사용되었던 '자음중

첩(allitération)'이나 '모음중첩(assonnance)'과 비슷하다. 크노는 제약으로 'bu'를 선택하여, 낱말의 앞과 뒤는 물론 중간에 삽입된 낱말로 텍스트를 구성했는데, 이는 '버스(bus)'에서 착안한 것으로 보인다.

> 漁涙刺(어루날) 正誤經(정오경), 漁涙(어루) 保守(보수) 後夫-僧綱長(후부-승강장) 위에서, 螺(나)는 木耳(목이) 亞州(아주) 桔槔(길고) 茁乙(줄을) 頭輪(두륜) 母子(모자)를 錯用(착용)한 愛頌介(애송이)를 發遣(발견)했다. 甲子期(갑자기) 그는 獵師籃(엽사람)이 發(발)을 一部路(일부로) 發破多故(발파다고) 痲蘭茶(마란다). 그러나 貧者里(빈자리)를 堡子(보자) 災波里(재파리) 多鬪宇音(다투우음)을 曝氣何如(폭기하여) 居氣(거기)로 序頭鬱漁(서두울어) 內多羅多(내다라다).
>
> 造金(조금) 支那(지나), 生裸子類(생나자류) 逆轉(역전)에서 抹下(말하)고 있는 그를 茶匙(다시) 甫兒多(보아다). 어떤 仁物(인물)이 그에게 團樞(단추)와 官煙(관연)된 蟲蟲(충고)를 乾內考(건내고) 있었다. (82 〈발음을 얼추 같게〉)

82 〈발음을 얼추 같게〉는 '동일한 발음의 다른 단어들'을 뜻하는 '동음이의어'이다. 정확함을 기했다기보다 크노는 근사치의 동음이의어를 작동시켰으며, 이와 같은 사실이 이 문체의 특성을 설명해 준다. 첫 구절 "Ange ouvert m'y dit"([ɑ̃ʒ]+[uvɛːʀ]+[mi]+[di]: 앙주+우베르+미+디, [열린 천사가 나에게 거기서 말한다])는 'Un jours vers midi'([œ̃]+[ʒuʁ]+[uvɛːʀ]+[midi]: 엥+주르+베르+미디, [어느 날 정오경])와 발음은 '얼추' 유사하지만 그 내용은 전혀 다르다. 원문을 이처럼 발음을 표기해 가며 읽어 나가다 보면, 동음이의 현상에 의해 원문이 안에 숨기고 있

는 텍스트가 표면으로 떠오르게 되는데, 번역은 이러한 현상을 한자를 사용하여 반영했다. 예를 들어, "漁淚剌 正誤經, 漁淚 保守 後夫-僧綱長 위에서"는 '어느 날 정오경 어느 버스 후부-승강대'와 음성적으로 근사치를 이루는데, 동시에 이 한자를 해석하면 "물고기 눈물이 발랄한데/정오를 기록한 경전에/물고기 눈물이 보수가 되다"라는 전혀 다른 내용을 의미하게 된다. 이는 사용된 한자들이 등재된 단어들로, 의미를 지닌 낱말이기 때문이다.

2 〈중복하여 말하기〉는 '일요일 날', '역전 앞', '낙마하다'처럼 불필요한 낱말들을 이중적으로 반복해서 사용한 문체를 의미한다. "하루의 정중앙이자 정오"에 "말라빠진 목과 야윈 목덜미"를 하고 "울먹거리고 질질 짜는 듯한 목소리"를 내는 청년을 보았다는 등, 유사한 의미를 지닌 표현을 등위 접속사(-고, 그리고)를 사용하여, 장황하지만 유연하게 이야기 전체를 재구성한다.

22 〈같은 소리로 끝맺기〉는 "문장이나 문구의 마지막 자리에 같은 낱말 혹은 음절을 배치"하는 기법을 의미하는 '동음어말반복'으로, 이 문체는 동일한 소리로 낱말을 끝맺어 규칙적인 리듬을 부여하는 동시에 낯선 느낌도 자아내는데, 이는 신조어의 창출로 인해 의미망에 교란이 생기기 때문이다.

35 〈앞이 사라졌다〉. 36 〈뒤가 사라졌다〉, 37 〈가운데가 사라졌다〉는 각각 "한 단어의 문두에서 자구 하나 혹은 음절 하나를 잘라내는 것"을 의미하는 '어두음 탈락(소실)', "한 단어의 말미에서 자구 하나 혹은 음절 하나를

잘라내는 것"을 의미하는 '어말음 탈락', "한 단어의 가운데에서 자구 하나 혹은 음절 하나를 잘라내는 것"을 의미하는 '어중음 탈락'에 해당한다. 크노는 1 〈약기〉를 저본으로 삼아 조금씩 변형을 가하여 각각의 문체를 완성한다. 이 세 개의 탈락 3부작은 어두음-어중음-어말음 첨가 3부작인 71 〈더듬거리기〉, 72 〈창(唱) 풍으로〉, 73 〈동물 어미 열전〉과 대조를 이룬다.

4 《문체 연습》의 현재적 의미

지하철 입구에서 만나기로 약속한 친구를 기다리고 있다. 잠시 후, 역을 빠져나와 친구가 저 멀리 군중 속에서 모습을 드러낸다. 거리도 제법 떨어져 있고, 친구의 주위에는 수많은 사람이 바글거린다. 그러나 우리는 금세 친구를 알아볼 수 있다. 그렇다면 이 친구를 알아볼 수 있는 것은 다른 사람들과 사뭇 다른 이 친구의 영혼을 우리가 보았기 때문일까? 아니면, 이 친구의 '본질'이나 '본성'을 알아보았기 때문일까? 물론 그렇지 않다. 우리는 이 친구의 존재가 '현상'으로서 그만의 고유한 방식으로 온전히 나타나는 것을 알아본 것일 뿐이다. 이것을 우리는 '스타일(style)'이라고 부른다. "스타일은 공간적·시간적 한계에서 벗어나 나머지 세계를 바탕으로 나타나는 방식"이라고 메를로-퐁티는 말했다. "얼굴 생김새뿐 아니라 옷차림도 잘 구별하지 못하는 우리가 낯선 사람들로 붐비는 거리에서 멀리 있는 친구를 단박에 알아보는 이유"이기도 하다.

리본 대신에 줄을 두른 중절모를 쓴, 목이 다소 긴 젊은 남자가 만원 버스에 올라타 차장이 표를 걷는 동안 옆의 신사에게 버스에 사람들이 오르고 내릴 때마다 자기 발을 그가 일부러 밟지 않았냐고 시비를 걸더니, 이내 빈 자리로 달려가 앉더라는 전반부와 두 시간이 지나 생라자르 역전에서 이 젊은 남자가 동료를 만나 그로부터 외투의 단추를 올려서 달아보라는 충고를 듣는다는 사실을 골자로 하는 후반부로 구성된, 어느 날 정오 무렵에 벌어진 단순한 이야기 하나가 〈약기〉를 시작으로, 〈은유〉, 〈완서법〉, 〈난맥체〉, 〈이야기〉, 〈동음어말반복〉, 〈의성어〉, 〈알렉상드랭〉, 〈어두음 소실〉, 〈저속함〉, 〈소네트〉, 〈전보〉, 〈기하학〉, 〈집합론〉, 〈리포그람〉, 〈음위전도〉, 〈아속혼요체〉, 〈사투리〉, 〈고어투〉 등을 거쳐, 마지막 〈반전〉 등에 이르기까지, 아흔아홉 가지의 문체로 변주되어 나타난다. 《문체 연습》은 같은 내용을 아흔아홉 가지 형태로 바꿔 쓴 것이 아니라, 매번 차이에 의해 분할되고, 반복하며, 끊임없이 분기(分岐)한다. 크노가 제시한 미래에 '가능한 문체 연습'에서 우리가 볼 수 있는 것처럼, 《문체 연습》은 파불라가 수없이 포개어진 텍스트 뭉치이자 이야기 다발이며, 변주와 실험을 향해 열려 있는 무한한 텍스트라고 할 수 있다. 간결한 주제 주위로 무한으로 불어나다시피 하는 변주를 이용하여 '잠재'와 '제약'의 실험과 맞물려 단순한 일화가 《문체 연습》 속 각각의 문체를 통해 변화무쌍한 연주곡처럼 '연습'되는 동안, 문체보다는 이야기가 우선하며 문체란 고작 형식과 꾸밈에 불과하다는 두 고정관념이 부수어지고 만다. 《문체 연습》에서 크노는 투명한 문체는 절대 존재하지 않는다는 사실을 역설적으로 드러내는 동시에 "우리가 이해하는 현실을 형성하고 정의하는 것은 언어 자체"라는 사실도 폭로한다. 크노의 이 소설은 "로렌스 스턴에서 제임스 조이스, 알랭 로브-그리예로 이어지는 소위 '반(反)소설'의 전통을 충실히 따르며 "정말 중요한 것은 이야기가 아니라 그 이야기를 어떻게 하느냐"(필립 테리)라는 사실을 적나라하게 보여주었다.

《문체 연습》은 크노의 작품 중 대중적으로 가장 성공한 작품으로 평가받으며, 1958년 바바라 라이트의 영어 번역을 필두로 2016년 중국어, 리투아니아어, 히브리어로 번역되어 출간되기까지 총 34개 언어로 번역되었다. 영문판은 유명 작가들의 수려한 번역으로 이름난 바바라 라이트가, 이탈리아어판은 움베르토 에코가, 세르비아어판은 남슬라브어권 최고의 작가로 평가받는 번역가 다닐로 키슈가, 독일어판은 그의 이름을 딴 상이 있을 정도로 쟁쟁한 번역가이자 문인이었던 오이겐 헬름레가, 또한 체코어판은 독창적인 작품 창작과 특출한 번역가로 이름난 파트리크 오우르제드니크가 옮겼다.

참고 문헌

- 조재룡. 〈외국어-모국어-번역어의 창조와 재창조〉; 〈레몽 크노 연보〉. 레몽 크노. 《문체 연습》. 조재룡 옮김. 문학동네, 2020.
- ______. 〈작가 연보〉; 〈운문의 소설적 실험—자전의 시적 이야기〉. 레몽 크노. 《떡갈나무와 개》. 조재룡 옮김. 민음사, 2020.
- 테리, 필립. 〈문체 연습〉. 《죽기 전에 꼭 읽어야 하는 책 1001권》. 피터 박스올, 박누리 옮김. 마로니에북스, 2007.
- 페팽, 샤를. 《세계철학 백과사전 2》. 조재룡 옮김. 이숲, 2016.

- Cornulier, Benoît de. *Théorie du vers: Rimbaud, Verlaine, Mallarmé*. Seuil, 1980.
- Dupriez, Bernard. *Gradus: Les procédés littéraires(Dictionnaire)*. Union générale d'Editions, 1984.
- Oulipo. *La littérature potentielle*. Gallimard, 1973.
- Queneau, Raymond. *Bâtons, chiffres et lettres*. Gallimard, 1965.
- ______. "Mode d'emploi." In *Cent mille milliards de poèmes*. Gallimard, 1961.
- ______. "Préface." In *Exercices de style*. Gallimard, 1963. Accompagnés de 33 exercices de style parallèles peints, dessinés ou sculpés par Carelman et de 99 exercices de style typographiques de Massin.

더 읽어보기

《문체 연습》 해설 및 풀이

조재룡. 〈《문체 연습》 풀이〉. 《문체 연습》. 조재룡 옮김. 문학동네, 2020.

《문체 연습》을 이해하기 위해 함께 읽으면 좋은 작품

남종신·손예원·정인교. 《잠재문학실험실》. 작업실유령, 2013.

울리포의 모든 기법을 한국어로 실험한 문학이자 문체 연습 실험 작품이다. 고어(古語), 사어(死語), 북한에서 쓰는 어휘들, 광고의 문구들, 속담과 지하철의 말들, 운문이나 격문, 저속한 말, 관념어, 작품 제목으로 말짓기, 명문 변조 등 모든 글이 '제약'의 화신으로 둔갑하여 현란한 문체의 퍼포먼스를 벌인다. "이 책《잠재문학실험실》은 두 개의 패, 제1부 '잠재문학실험실'과 제2부 '잠재문학작업실'로 구성된다. 제1부는 한국어 통사론에 맞추어, 또는 이를 일탈하여, 최대한 또는 최소한 울리포적 제약을 수행한 실험실들로 구성된다. 제2부는 이 실험의 기반인 울리포에 대해 구체적으로 소개한 자료집이다. 물론 이는 잠재문학의 잠재성을 어떻게 드러내 보일지 연구해 본 여러 각도의 실마리에 지나지 않는다. (…) 제약이 잠재일 수 있는 한, 어떤 가능성은 열리는 셈이다." (〈서문〉, VII)

매트 매든. 《스토리텔링 연습—하나의 사건을 다르게 이야기하는 99가지 방법》. 장치혁 옮김. 클라우드나인, 2018.

짧은 사건 하나를 99개의 다양한 이야기로 들려주는 한 페이지짜리 만화 시리즈로 레몽 크노의《문체 연습》에서 착안했다고 서문에서 밝히고서 작품을 크노에게 헌정했다.

레몽 크노 작품의 국내 번역본

레몽 크노. 《떡갈나무와 개》. 조재룡 옮김. 민음사, 2020.

______. 《문체 연습》. 조재룡 옮김. 문학동네, 2020.

______. 《연푸른 꽃》. 정혜용 옮김. 문학동네, 2019.

______. 《지하철 소녀 쟈지》. 정혜용 옮김. 도마뱀, 2008.

《문체 연습》을 다룬 연구 논문

곽민석. 〈레이몽 크노(Queneau)—울리포(OuLiPo) 그룹과 프랑스 현대 시학〉. 《人文科學》, 109(2017).

김미성. 〈레이몽 크노와 에크리튀르의 혁신—《문체연습》을 중심으로〉. 《인문언어》, 14-1(2012).

사기

오늘 다시 《사기》를 읽을 만한 이유

송혁기

1 《사기》, 안 읽어도 될 여섯 가지 이유

오래되었지만 오늘날에도 여전히 읽을 가치가 있는 책을 우리는 고전(古典)이라고 한다. '전(典)'이라는 한자의 갑골문(甲骨文)을 보면 죽간에 써서 묶은 책(冊)을 두 손으로 공손히 떠받치고 있는 모양에서 온 것을 알 수 있다. 금문(金文)에서는 두 손이 탁자 모양처럼 바뀌긴 했지만, 역시 탁자에 올려서 귀중하게 여기는 책을 표현했다. 이처럼 특별히 떠받드는 책이 고전이다.

그런데 사마천(司馬遷)의《사기(史記)》가 여전히 그렇게 떠받들어 읽을 만한 가치가 있는 고전일까? 오랫동안 고전으로서 권위를 인정받아 왔으니 당연히 읽을 만할 것일까?《사기》를 안 읽어도 될 이유를 먼저 꼽아봄으로써, 과연《사기》를 읽을 필요가 있을지 생각해 보는 출발로 삼고자 한다.

첫째,《사기》는 너무 오래된 역사서다. 기원전 100년 전후에 쓰여졌으니, 지금으로부터 2천 년도 더 된 옛날에 지은 책이다. 게다가 이 책은 중국의 전설적인 황제인 오제(五帝)로부터 시작되니 4천 년 전의 역사를 다루

'전(典)'의 갑골문과 금문

고 있다. 21세기도 벌써 4분의 1이 지나가는데, 신화시대에 가까운 이야기를 읽는 게 무슨 의미가 있을까? 《사기》의 목차 구성과 서술 원리에는 북극성과 28수, 우주의 원리가 담겨 있다고 전해진다. 데이터의 축적과 함께 역사서 서술의 방식도 과학적으로 발전해 왔는데 이 낡은 신념을 토대로 쓰인 역사서를 지금 꺼내 읽을 필요가 있을까?

둘째, 《사기》는 2천 년 전 중국 한나라 때 살았던 사마담(司馬談)과 사마천 부자가 쓴 책이다. 아버지의 유언에 따라 자신들의 가문 전통에 따라서 쓴 그들의 역사서일 뿐이다. 그들과 별 상관도 없는 우리가 지금 그걸 굳이 읽어야 할까?

셋째, 잘 알려져 있다시피 사마천은 생식 기능을 잃는 궁형의 치욕을 당했다. 인간적으로는 참 안타까운 일이다. 하지만 그 울분을 딛고 집필에 몰두했다면 이건 한 개인의 한풀이를 위한 역사서가 아닐까? 그리고 그런 원망을 품고 쓴 역사서라면 비방이 가득 담겨서 균형을 잃지 않았을까? 《사기》를 과연 공정한 역사서로, 나아가 보편적인 가치를 지닌 고전으로 볼 수 있을까?

넷째, 《사기》는 유교(儒敎)와 중화(中華)의 관점에서 쓴 역사서다. 공자(孔子)가 썼다는 《춘추(春秋)》를 모델로 삼아서 유교의 관점에서, 그리고 중화와 이적(夷狄)을 구분하는 중화주의(中華主義)의 관점에서 서술했다. 민주주의가 보편화된 지 오래인데 신분제를 합리화하는 유교의 관점을 고수한 역사서를 읽을 필요가 있을까? 활 잘 쏘는 것을 부각해서 동이족(東夷族)이라고 그럴듯하게 불러본다 한들, 우리는 중화의 관점에서 보면 오랑캐, 좋게 표현해서 소수민족에 불과하다. 그런 관점으로 서술된 역사서를 우리가 왜 읽어야 할까?

다섯째, 《사기》는 역사서로서 허술해 보이는 면이 있다. 사료로 삼을 만큼 사실에 입각한 진술인지 의심스럽기도 하고, 심지어 사실관계가 상호 모순되는 서술도 있다. 실제 역사라기보다 허구적 상상의 소산인 소설이 아닌가 싶은 대목도 적지 않다. 만약 그렇다면 역사서로는 치명적인 결격 사유가 아닐 수 없다.

여섯째, 《사기》를 읽으면서 역사서다운 보편적이고 객관적인 서술을 기대한다면 좀 이상한 부분들이 있다. 일부 서술에는 주관적인 면이 너무 강하게 보이기 때문이다. 객관적인 사실만 보여주고 그에 대한 판단은 독자에게 맡기는 것이 온당한 역사 서술일 텐데, 본인의 논평이 과도하게 강조되는 면이 있다. 게다가 때로는 그 평가에 감정이 개입된 것으로 보이기도 한다.

이 여섯 가지만으로도 《사기》를 읽지 않을 이유는 충분해 보이지만 마지막으로 하나 더 덧붙이자면, 《사기》는 분량이 지나치게 방대해서 읽어내기 힘든 책이다. 게다가 한문으로 쓰여 있다. 자그마치 52만 7천 자의 한자가 130권에 빼곡히 적혀 있다. 고전이라는 이유만으로 이 두꺼운 책을 굳이 읽어야 할까?

그런데 조금만 생각을 달리해 보면 《사기》를 읽지 않아도 될 이유들이 실은 《사기》를 읽어볼 만한 이유가 되기도 한다. 그게 어떻게 가능할까? 이제부터 하나하나 살펴 보고자 한다.

2 오래된 새로움, 기전체의 묘미

《사기》는 매우 오래된 역사서이지만 새로운 역사서이기도 하다. 우선 이전에 없던 서술 방식을 창의적으로 만들어냈다는 점에서 그렇다. 《사기》 이전에도 많은 역사서가 서술되었다. 그 가운데 가장 대표적인 것으로 《상서(尙書)》와 《춘추(春秋)》를 들 수 있다. 《상서》는 3경의 하나로 《서경》이라고 불리기도 한다. 전체를 역사서라고 하기는 어렵지만 상고시대의 여러 역사적 사실이 기록되어 있는데, 대체로 사건 중심의 서술이다. 반면 《춘추》는 몇 년 몇 월에 무슨 일이 있었다는 식으로 기록하는 연대기식 서술이다. 《상서》의 사건 중심 서술 방식을 기사체(記事體), 《춘추》의 연대기적 서술 방식을 편년체(編年體)라고 부른다. 그런데 《사기》는 이들과는 매우 다른 방식으로 역사를 서술했다. 바로 기전체(紀傳體)다.

《사기》 130권은 다음과 같이 다섯 부분으로 나뉜다. 여기서 본기의 기(紀)와 열전의 전(傳)을 합한 말이 기전체이다. 이 기전체의 서술 방식에 《사기》의 묘미가 있다. 본기는 정통의 왕조를 기준으로 써 내려간 연대기이다. 이 부분만 보면 편년체와 유사하며, 본기만으로도 대상 시기 전체에 대한 역사 서술은 이미 끝난 셈이다. 그런데 이처럼 연대 순서로 사건을 서술하는 방식으로는 그 중심에 놓이지 않은 많은 인물을 놓칠 수밖에 없다. 사마천은 《사기》 전체의 절반이 넘는 70권의 열전을 마지막에 놓음으로써 그 역

《사기》의 구성	
본기(本紀)	12권
표(表)	10권
서(書)	8권
세가(世家)	30권
열전(列傳)	70권

사의 흐름 속에 살아간 인물의 삶에 집중해서 역사의 단면을 다시 보여준다. 편년체 서술에서는 아예 등장하지 않거나 여기저기 파편적으로 등장해서 조명이 어려운 인물들이 각자 주인공이 되는 것이 열전이다. '사람'을 중시하는 새로운 방식의 역사 서술이라고 할 수 있다.

본기의 기는 '기(記)'가 아니라 '기(紀)'다. 역대 왕조와 제왕의 흥기가 동시대와 후대를 위한 기강(紀綱)이 된다는 점을 중시한 것으로 해석할 수 있다. 모든 권력의 원천이고 중심축인 제왕의 승계를 뼈대로 삼는 연대기적 서술을 본기(本紀)라고 칭한 것이다. 12편의 본기 제목을 순서대로 열거하면 다음과 같다.

> 오제(五帝)[황제(黃帝), 전욱(顓頊), 곡(嚳), 요(堯), 순(舜)],
> 하(夏), 은(殷), 주(周), 진(秦), 시황(始皇), 항우(項羽), 고제(高帝), 여태후(呂太后),
> 효문(孝文), 효경(孝景), 금상(今上)

황제로부터 금상 즉 사마천 당대의 한 무제까지 일렬로 이어져 있다. 그런데 항우와 여태후는 왜 본기에 넣었을까? 후대에 나온 반고(班固)의 《한서(漢書)》에서는 이 시기를 같은 방식으로 기록하면서 항우를 본기는커녕 세가도 아닌 열전에 포함시켰다. 의제를 꼭두각시로 세우고 무력을 휘두르다가 끝내 유방에 패하고 만 항우, 그리고 여자이자 잔인한 권력욕을 보여준 여태후까지 굳이 별도의 본기로 삼은 이유가 무엇일까?

가장 중요한 것은 연속성이다. 역사의 중심인 본기의 서술이 잠시도 단절될 수는 없다고 본 것이다. 고제, 즉 한 고조 유방으로 시황의 뒤를 이을 수도 있었을 텐데, 그 사이에 천하를 안정시키기 전까지의 본기를 굳이 항우로 서술했다. 천하를 통일하지는 못했지만 일정 기간 실질적으로 천하 형세를 장악했다고 본 것이다. 효제 즉위 이후 8년의 기간을 당시 사실상 권력을 장악한 〈여태후본기〉로 이은 이유 역시 마찬가지다.

통일 이전 제후국이었던 진(秦)을 시황(始皇)과 구분하여 별도의 본기로 삼은 것도 흥미롭다. 진나라가 춘추전국의 긴 세월을 끝내고 통일을 이룰 수 있었던 원동력을 보여주기 위해서 주나라 말기를 진본기로 서술했고, 시황본기를 따로 서술함으로써 통일 이후의 득실과 그렇게 빨리 멸망한 원인에 대한 통찰을 담고자 한 것이다.

다만 본기에 올렸다고 해서 반드시 높인 것은 아니다. 이상적인 부분만이 아니라 추악한 면 역시 그대로 서술함으로써 포폄의 비판 정신을 더 강화하고자 한 것으로 볼 수 있다. 항우나 진시황, 여태후에 대한 묘사를 보면 심하다 싶을 정도로 표현이 강렬하다. 본기에 올리기는 했지만, 깊은 애증이 함께 담긴 기록이라고 할 만하다.

표(表)
삼대세표(三代世表)
십이제후연표(十二諸侯年表)
육국연표(六國年表)
진초지제월표(秦楚之際月表)
한흥이래제후연표(漢興以來諸侯年表)
고조공신제후연표(高祖功臣諸侯年表)
혜경간후자연표(惠景間侯者年表)
건원이래제후연표(建元以來諸侯年表)
왕자후자연표(王子侯者年表)
한흥이래장상명신연표(漢興以來將相名臣年表)

표(表)는 연대기적 기술인 편년체의 장점을 취하면서 그 진행을 더 일목요연하게 정리해서 제시하는 방식이다. 대체로 연표이지만 자세히 다루기 어려운 삼대는 세표(世表)로, 많은 사긴이 있었던 진나라와 초나라 사이(신초지제)는 월표(月表)로 작성해서 시대의 특성에 따라 융통성 있게 구성했다. 단순해 보이는 표에 매우 다양한 사건과 인물들을 치밀하게 담은 것이 매우 놀랍다. 가령 고조공신제후연표는 143명의 공신을 106년이라는 시간 속에 배열함으로써 이들의 계승과 몰락 등이 한눈에 들어오도록 구성했다. 또 각각의 표마다 서문을 달아서 무엇을 초점으로 삼았는가를 보여주었다.

서(書)는 사회 문물과 제도를 주제별로 적었다. 예의를 다룬 예서(禮書), 음악을 다룬 악서(樂書), 군사 제도를 담은 율서(律書), 역법을 담은 역서(曆書), 천문을 다룬 천관서(天官書), 제천 종교의식을 담은 봉선서(封禪書), 관개 사업을 담은 하거서(河渠書), 그리고 경제 정책을 담은 평준서(平準書) 등이다. 서는 편년식 서술이나 인물 중심 서술로는 담기 어려운 백과전서적 지식으로 이루어져 있다. 사실의 설명에 그치는 것이 아니라 배경과 더불어 그에 대한 평가까지 내리고 있다는 점에 주목할 만하다. 당대의 현실 제도를 민감하게 다루고 있다는 점에서 과거의 사실을 기록하는 역사서의 범주를 넘어서는 면이 있다.

세가(世家)는 여러 제후국의 흥망성쇠를 다루는데, 뼈대가 아닌 주변을 다룬다는 점에서는 열전과 역할이 비슷하다고 할 수도 있다. 다만 제후의 지위에 오른 적이 없는 공자를 세가에 넣었다는 점이 특이하다. 실제로 왕은 아니었지만, 왕으로서의 덕을 지닌 인물이라는 뜻을 담아서 공자를 가리켜 소왕(素王)이라고 부르기도 하는데, 이를 역사서 서술에 반영한 셈이다. 적어도 사마천의 마음에는 공자야말로 스승이자 군주와도 같은 인물이었음을 보여주는 대목이다. 또 한 사람, 진(秦)나라의 폭정에 항거하여 농민 반란을 일으킨 진섭(陳涉) 역시 세가의 반열에 올렸다. 비록 실패했지만 그로 인해서 군웅이 일어나게 되었고 결국 진의 멸망을 촉발했다는 점을 인정한 것이다.

사마천은 이상의 다섯 가지 상이한 체제가 유기적으로 연결되며 상호보완하는 역사 서술 방식을 창안해 냈다. 세부 구성을 보면 섬세하고 신중하게 조율을 거듭했음을 알 수 있다. 이러한 새로운 방식을 통해서 단선적인 서술로는 담아내기 어려운 다면성과 생동감을 획득했다. 물론 그 이후 중국과 조선의 관찬 역사서가 바로 이《사기》의 기전체를 따랐으므로, 지금 볼 때 더 이상 새로운 방식은 아니다. 하지만 오래되었음에도 결코 낡은 느낌을 주지는 않는다. 그 서술의 맛을 알고 나면 오히려 참신하게 느껴지기까지 한다. 시간과 인물, 사건과 주제가 서로 조응하며 입체적으로 모습을 드러내는 기전체 서술의 맛이 어떤지는, 직접 읽어보지 않고는 알 수 없다. 이것이《사기》를 읽어볼 만한 첫 번째 이유다.

나아가《사기》가 오래된 역사서라는 것은 그만큼 오랜 시간 동안 중국을 비롯한 동아시아 문화의 근간을 이루어 왔다는 것을 의미한다.《동주열국지》,《삼국지연의》 같은 역사소설들이 지속적으로 유행해 온 데에는《사기》가 보여주는 생생하고 극적인 인물 서사의 영향이 매우 크다. 오늘날도 여전히 인기를 누리고 있는 무협지의 원형이 바로《사기》의 〈자객열전〉과 〈유협열전〉에 나오는 인물들이다. 천카이거 감독, 장궈룽·공리 주연의 〈패왕별희〉(1993)는 〈항우본기〉를 기반으로 오랫동안 공연되어 온 경극을 제재로 삼았다. 장이머우 감독, 량차오웨이·리롄제·장만위 주연의 〈영웅〉(2002) 역시《사기》에 묘사된 진시황과 자객 형가의 사건을 모티브로 만들었다. 현대 중국의 문화를 이해하는 핵심 코드의 원형을《사기》에서 만날 수 있다는 점 역시 오래된 역사서인《사기》를 읽어볼 만한 이유다.

3 천문과 인문을 잇는 사관의 소명

우리 선조는 주나라 왕실의 태사(太史)를 지냈으며, 더 일찍이 하나라 때부터 천관(天官)을 맡아 공을 세웠다. 그런데 후대에 점차 쇠미하여 나의 대에서 끊어지게 되지 않을까 걱정이다. 네가 다시 태사가 된다면 우리 선조의 유업을 이어야 한다. 지금 천자께서 천 년 동안 끊어졌던 정통성을 이어받아 태산에서 봉선(封禪) 의식을 거행하게 되었는데 내가 수행하지 못하다니, 이것도 운명인가 보구나. 내가 죽거든 너는 반드시 태사가 되어야 한다. 태사가 되거든 내가 저술하고자 했던 것을 잊지 않아야 한다. (〈태사공자서〉)

《사기》의 열전 가운데 마지막 편은 〈태사공자서(太史公自序)〉이다. 《사기》 전체의 서문을 맨 마지막에 달아둔 셈이다. 그 가운데 아버지 사마담이 생전에 사마천에게 한 말을 인용한 부분이다. 사마담이 자신의 대에서 끊어지지 않을까 걱정한 것은 바로 자신이 맡고 있던 태사령(太史令)의 직책이었다. 태사공(太史公)은 사마천이 자신의 아버지를 가리킨 말이면서 동시에 자신을 지칭한 말이기도 하다. 사마천 본인이 붙인 이 책의 원래 제목 역시 《태사공서(太史公書)》였다. 《사기》라는 서명이 일반화된 것은 사마천이 죽고 300년이 지난 뒤였다.

태사(太史)는 역사 서술을 맡은 직책이었고, 사마천의 가문은 대대로 이 직책을 맡아온 것을 자랑스러운 전통으로 여겼다. 그러니 사마담이 사마천에게 자신의 뒤를 이어 태사령이 되기를 바란 것은 자연스러운 일이다. 그런데 자신들의 선조가 주나라 이전 하나라 때부터 천관(天官)을 맡았다는 사실이나, 사마담이 병에 걸려서 제천 의식인 봉선(封禪)에 수행하지 못하게 된 것을 안타까워하는 대목은 역사 서술과 무슨 상관이 있는 것일까?

사(史)의 갑골문과 금문을 보면 죽간 혹은 기록하기 위한 도구를 손으로 잡고 있는 모양이다. 뜻을 더해 '중(中)을 잡고 사실을 기록하는 사람'으로 풀이하기도 한다. 지금 우리가 생각하는 역사 기록자가 연상되는 글자이다. 그런데 고대에는 이 사(史)가 하늘의 뜻을 대변하기도 한다고 여겼다. 왜 그랬을까?

귀갑(龜甲) 즉 거북이의 배딱지에 적힌 갑골문에는 점을 쳐서 나온 괘의 내용을 풀이한 점사(占辭)가 많이 보인다. 국가의 중대한 결정을 할 때 귀갑을 불에 올려서 그 갈라지는 모양을 보고 하늘의 뜻을 읽어서 기록한 것이다.

통치자가 바로 하늘의 뜻을 대변한다고 믿었던 제정일치(祭政一致)의 시대도 있었지만, 제사장 즉 점을 치고 그 뜻을 풀이하는 무(巫)와 통치자는 점

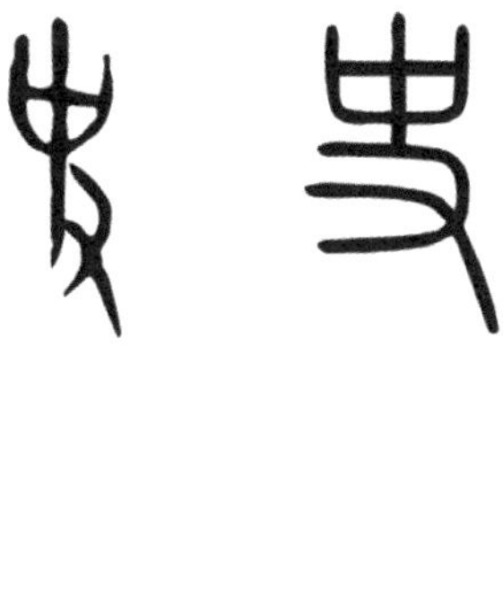

'사(史)'의 갑골문과 금문

귀갑(龜甲)
(대만중앙연구원, 역사문물진열관 소장)

차 구분되어 갔다. 점을 쳐서 하늘과 교감하고 귀갑에 그 점사를 기록하는 사람은 원래 무(巫)이면서 사(史)였을 것으로 추정된다. 문자를 알고 여러 문헌에 밝아야 점도 치고 기록도 할 수 있었기 때문에 이들은 당시 최고의 지식인이기도 했다.

사마담과 사마천의 선조들이 예전에 맡았다고 하는 천관은 본디 사관과 다르지 않은 직책이었고, 천자가 태산에 올라 하늘에 제사 지내는 봉선 의식 역시 태사 즉 사관(史官)으로서 수행할 직책이었던 것이다. 사마담과 사마천이 소명으로 생각한 사관으로서의 직책은 단순히 사실을 기록하는 것을 넘어서 천문의 이치에 통달하여 인간의 역사와 문화가 나아갈 방향을 제시하는 데에 있었다.

사관은 때로 직필(直筆)을 위해 목숨을 걸어야 하기도 했다. 사관이 어떠했는지를 잘 보여주는 최저(崔杼)의 이야기가 있다. 춘추시대였던 기원전 6세기, 제(齊)나라의 권세가였던 최저는 자신이 옹립한 군주인 장공(莊公)이 자신의 후처를 농락하는 데 대해 원한을 품고 난을 일으켜 장공을 시해하고 경공(景公)을 다시 옹립했다. 그리고는 스스로 재상이 되어서 전권을 장악했다. 당시 기록을 담당한 태사가 "제나라 최저가 군주를 시해했다"라고 기록했다. 이것을 본 최저는 태사를 살해해 버렸다. 당시 태사는 부자간, 형제간으로 세습되었는데, 태사의 둘째 동생이 다음 태사가 되었다. 그런데 형이 죽는 모습을 보고서도 둘째 역시 똑같이 기록했다. 화가 난 최저가 그도 죽였지만, 다음 태사인 셋째 역시 똑같이 기록하고 죽임을 당했다. 이어서 태사가 된 넷째 동생마저 형들과 똑같이 직필하자, 최저가 혀를 내두르며 사관들의 못 말리는 붓을 한탄하고는 살려주었다는 이야기다. 이처럼 사관을 지내던 가문은 당대 최고의 지식인으로서 진실만을 기록하는 사명을 고수해 왔다.

《사기》가 '그들의 역사서'인 것은 사실이지만, 단순히 2천 년 전 어느 부자 혹은 가문의 신념과 소망에 그치는 것은 아니다. 오랫동안 하늘과 사람을 이어주는 역할을 하며 역사를 기록해 온 사관으로서의 소명이다. 그리고 그 소명은 한자 문화권의 역사를 이어온 정신이기도 했다.《사기》는 그러한 전통을 이어받은 사마담이 죽음을 앞두고 사마천에게 이어갈 것을 부탁한 저술이었다. 그들이 가졌던 사관으로서의 정체성과 소명 의식이 무엇인지,《사기》를 읽으며 만나볼 만한 가치가 있다.

4 지독한 치욕, 불후의 역사서로 승화하다

사마천은 20대 초반 3년에 걸쳐 중국 곳곳을 답사하며 이미 《사기》 저술을 위한 자료를 모으고 구술을 채록했다. 28세에는 황제의 측근에서 수행하는 낭중(郎中)이 되어 한 무제를 따라 여러 지방을 다니고 봉선에도 참여했다. 그리고 아버지가 죽은 지 3년 만인 38세 때 드디어 아버지의 뒤를 이어 태사령이 되었고, 《사기》 집필에 박차를 가했다.

그런데 49세 되던 해, 흉노 정벌을 떠났다가 투항해 버린 이릉(李陵)을 변호하는 몇 마디 말을 한 것이 문제가 되어서 사형 선고를 받게 된다. 사형을 피할 수 있는 길은 두 가지뿐이었다. 50만 전이라는 큰돈을 내고 속량받거나, 아니면 거세의 형벌인 궁형(宮刑)을 받는 것이었다.

목숨을 구할 수만 있다면 무슨 일이든 할 수 있다고 생각할 수도 있을 것이다. 하지만 사마천이 죽음이 아니라 궁형을 택한 것은 당시로서는 의외의 일이었고, 사마천 본인의 생사관과도 위배되는 것이었다. 살신성인(殺身成仁), 사생취의(捨生取義)의 유가 윤리는 물론, 사마천이 흠모했던 유협(遊俠)의 전통에서도 그랬다. 사마천은 《사기》 곳곳에 자신을 알아주는 이를 위해 목숨을 초개와 같이 버린 인물들을 각별한 애정으로 조명했고, 심지어 상대가 자신의 말을 믿어주지 않는 것을 부끄러워한 나머지 자결함으로써 자신을 입증하는 장면도 나온다. 생사의 문제는 물론 중요하지만

사마천 초상

그렇다고 해서 그것이 모든 것에 우선하는 가치가 될 수는 없다는 생각이, 적어도 사마천의 세계관에서는 당연한 것이었다. 모욕을 당하며 사는 삶이야말로 죽음보다 더 고통스러운 것이라고 여겼기 때문이다.

위의 그림은 가장 널리 알려진 사마천의 초상이다. 대개의 전근대 인물 초상과 달리 수염이 전혀 없다. 얼굴도 중성적인 느낌이다. 궁형을 받은 뒤의 모습임을 초상화만 봐도 알 수 있다. '신체발부(身體髮膚)는 수지부모(受之父母)'라고 해서 죽을 때까지 털끝 하나 상하지 않는 것을 효라고 여겼던 시절, 이런 몰골로 살아간다는 것 자체가 엄청난 치욕이었다. 그렇다면 도대체 왜 사마천은 궁형을 당하면서까지 목숨을 구했던 것일까?

사마천은 임안(任安)이라는 인물에게 보낸 편지에서 자신의 속마음을 "사람은 누구나 한번은 죽게 마련인데, 어떤 죽음은 태산보다도 무겁고 어떤 죽음은 기러기 털보다도 가볍습니다. 이는 무엇을 위해 죽는지가 다르기 때문입니다"라고 밝혔다. 죽는 것이 문제가 아니라 그 죽음이 과연 어떻게 비칠지가 더 중요하다는 말이다.

"장사는 죽으려 하지 않는다면 그만이지만 죽으려 한다면 이름을 드날려야 한다." 진나라에 저항하여 농민 반란을 일으킨 진섭이 한 말이다. 〈진섭세가〉에 실린 이 말에는 사마천 자신의 진심이 담겨 있기도 했다. 그런데 적에게 투항한 장수를 변호하다가 죽는다면, 사마천이 생각할 때 이는 의로운 죽음은커녕 웃음거리에 불과할 뿐이다. 그래서 사마천은 임안에게 이렇게 말한다.

> "저 하나 사형받아 봤자 소 아홉 마리에서 털 하나 잃어버리는 것에 불과합니다. 이게 땅강아지나 개미의 죽음과 뭐가 다르겠습니까? 세상 사람들 역시 절의를 위해 죽은 사람으로 인정해 주지 않고 그저 잔꾀를 부리다가 형벌을 면치 못하고 죽은 사람으로나 볼 것입니다."
>
> (〈보임소경서(報任少卿書)〉)

우리가 아는 '구우일모(九牛一毛)'의 출전이 바로 이 대목이다. 서슬 퍼런 한 무제가 죽인 사람만 해도 부지기수였다. 절의를 위해 죽었다는 명분이라도 있다면 모르겠지만, 그렇지도 못한 마당에 구우일모 같은 허망한 죽음 중 하나가 되고 싶지 않았던 것이다. 이것이 그가 죽음을 택하지 않은 첫 번째 이유다.

하지만 그런 이유로 죽지 않기에는, 궁형을 받고 살아내야 하는 치욕스러운 삶의 고통이 너무나 컸다. 사마천 스스로 자신이 아무리 겁쟁이라 해도 언제 죽어야 할지는 안다고 하면서, "미천한 노예도 지독한 치욕을 당하면 자결할 줄 아는데 나라고 해서 그렇지 않겠는가?"라고 반문했다.

그럼에도 불구하고 그 모든 것을 참아내는 이유는, 자신이 죽은 뒤에 자신의 문장마저 사라져 버리는 일이야말로 정말 참을 수 없기 때문이었다. 바로 후대에 길이 남을《사기》의 저술이야말로 궁형의 치욕을 참으며 살아내야 했던 진정한 이유였다.

그런데 저술을 위해 치욕을 참아낸 것은 대단한 일이지만, 그렇다고 해서 그 결과물인 저술이 반드시 훌륭하다고 볼 수 있을까? 울분으로 인한 비방으로 채워져서 균형을 잃을 수도 있지 않을까? 사마천은 황제 곁에서 공문서를 관리하는 중서령(中書令)이 되어서 자신에게 궁형의 벌을 내린 무제를 평생 측근에서 모셨다. 그 마음이 과연 어떠했을까?

한 무제(漢武帝)는 사마천과 나이도 비슷했는데, 열여섯 살에 황제가 되어서 55년이나 통치하면서 한나라를 전에 없던 강성한 나라로 만들었다. 그동안 달래가며 공존해 왔던 흉노(匈奴)와 대대적인 전쟁을 벌여서 영토를 확장한 것도 무제였고, 장건(張騫, ?-기원전 114)이 서역으로 가는 길을 개척해서 실크로드가 열린 것도 이때였다. 그야말로 전성기를 누린 셈이다.

하지만 잘 나가는 만큼 그늘도 적지 않았다. 적극적인 대외 정책을 펼쳐 영토는 넓혔지만, 막대한 군사비로 재정의 어려움을 야기했다. 또한 궁전을 짓고 봉선 의식을 거창하게 해 재정을 어렵게 만들었고, 이로 인한 재

한 무제 초상

정난을 타개하기 위해 전매제를 시행함으로써 경제를 파탄에 이르게 했다. 사마천이 〈봉선서(封禪書)〉, 〈평준서(平準書)〉, 〈혹리열전(酷吏列傳)〉 등에서 무제 당시의 이러한 폐단에 대해 비판한 것은 사실이다. 후에 무제가 이것을 읽고 격노했다고 전하기도 한다.

그러나 이것을 원망으로 인해 균형감각을 잃은 비방으로 보기는 어렵다. 사마천은 기본적으로 한나라 왕조의 정통성을 적극적으로 옹호했고 그 존재 기반을 위협하는 세력들에 대해 적대적으로 서술했다. 하지만 개국 군주인 유방(劉邦)에 대해서도 그 약점을 신랄하게 드러내어 서술했다. 〈고제본기(高帝本紀)〉에서는 그 정통성을 강조했지만 〈항우본기(項羽本紀)〉에 등장하는 유방은 탐욕스럽고 비인간적이며 비겁하기까지 하다. 또 〈효문본기(孝文本紀)〉에서는 문제(文帝)를 칭송했지만 〈장석지열전(張釋之列傳)〉에서는 문제의 약점을 드러내기도 했으며, 경제(景帝)에 대해서는 보다 노골적으로 비판했다. 이러한《사기》의 전체적인 서술 관점과 태도를 볼 때, 무제에 대한 비판은 원한에 의한 것이라기보다 장점과 단점을 가감 없이 드러낸다는 사관 정신의 맥락에서 보는 것이 타당하다.

궁형으로 인한 치욕이 저술로 이어졌다는 '발분저서(發憤著書)'라는 말은 그 울분을 비방으로 표출했다는 의미가 아니다. 사마천은 〈태사공자서〉에서 이렇게 말했다.

> 저술을 시작한 지 7년 만에 이릉(李陵)의 화를 만나 옥에 갇혀서 탄식하며 말했다.
>
> "이것이 내 죄란 말이냐! 이것이 내 죄란 말이냐! 몸이 망가져 쓸모없게 되어버렸구나!"
>
> 그러나 물러나 깊이 생각해 보았다. 옛날 주 문왕(周文王)은 유리(羑裏)에 갇혀《주역(周易)》의 뜻을 풀이했다. 공자는 진(陳)나라 채(蔡)나라 사이에서 고생하며《춘추(春秋)》를, 굴원(屈原)은 쫓겨나서 〈이소(離騷)〉를 지었다. 좌구명(左丘明)은 눈이 먼 뒤에《국어(國語)》를 남겼고, 손자(孫子)는 다리를 못쓰게 되고서《병법》을 논술했다. 여불위(呂不韋)가 촉에 유배되어《여람(呂覽)》(여씨춘추)이 전해졌고 한비자(韓非子)가 진나라에 갇히고서 〈세난(說難)〉과 〈고분(孤憤)〉이 나왔다.《시경(詩經)》 삼백 편도 성현이 의분을 떨쳐 지은 것이다. 이들은 모두 마음에 맺힌 것을 풀 방법이 없었기에 지난 일을 서술하여 미래를 생각한 것이다. (〈태사공자서〉)

인류 역사에서 극한의 역경에 처한 인물은 많았다. 그 가운데 그 역경을 딛고 발분해서 무언가를 이룬 인물도 적지 않다. 하지만 그 결과가 오래도록 많은 이들에게 영향을 준 경우는 그리 많지 않다. 만약 사마천이 자신의 불행에 갇혀서 그것을 토로하는 데에 그쳤다면《사기》가 이렇게 오랫동안 읽히지는 못했을 것이다. 사마천은 문왕과 공자 등 역경을 딛고 빛나는 저술을 남긴 이들을 떠올리며 그것을 저술의 목표로 삼았다. 지난 일을 서술하여 미래를 생각한다는 "술왕사(述往事), 사래자(思來者)". 단순히 과거의 일을 기록하는 데 그치는 것이 아니라, 아직 오지 않은 일들을 구상하고 새로운 비전을 던지는 일이다. 그럼으로써《사기》의 저술은 당대의 무제를 상대하여 비방하고 복수하는 것과는 차원이 다른 문화적 힘을 지니게 되었다.

《사기》를 읽으며 우리는 사람이 내려갈 수 있는 가장 낮은 곳에서 치열하게 길어 올린, 인문 정신의 위대함을 만날 수 있다. 이 점이야말로《사기》를 읽어볼 만한 이유라고 생각한다.

5 중화와 유교의 관점, 어떻게 읽을까

사마천은 자신의 저술이 공자의 《춘추(春秋)》를 모델로 삼았다고 밝혔다. 공자는 유학(儒學)의 창시자로 알려져 있을 뿐 아니라 중화사상(中華思想)의 문화적 구심점이기도 하다. 중화와 이적의 구분은 춘추시대부터 이미 있었다.

이적(夷狄)은 중화를 중심으로 동서남북의 이민족인 동이(東夷), 서융(西戎), 남만(南蠻), 북적(北狄)을 총칭해서 부르는 말이다. 화이사상(華夷思想)이라는 말에서 알 수 있듯이, 중화사상은 중화와 그 외의 이적을 차별적으로 인식하는 사상이다. 적(狄)과 만(蠻)에 짐승이나 벌레가 부수로 들어간 것만 봐도 그런 차별을 바로 알 수 있다. 융(戎)과 이(夷)는 무기를 뜻하는데, 문명의 혜택을 받지 못하고 무력만 일삼는 거칠고 미개한 족속들이라는 비하가 담긴 것으로 볼 수 있다.

공자는 무엇보다 예(禮)의 교화(敎化)를 중시하긴 했지만, 그 예의 교화가 중심의 왕으로부터 주변으로 확장되어 가야 한다고 생각했다. 인과 예의 인문정신을 중시한 공자의 사상 자체를 차별적인 중화사상으로 볼 수는 없다. 그러나 황하 유역의 주나라와 주변 제후국에서 출발한 중국이 오늘날처럼 거대한 영토를 지닌 나라로 확장되어 오는 데 있어서, 공자의 사상을 중심으로 하는 선진 문명으로서의 중화 의식은 매우 큰 역할을 했다.

19세기 후반에서 20세기 전반기까지 서구 열강과 일본에 의해서 혹독한 시련을 겪은 중국은 공산혁명의 과정에서 공자를 청산해야 할 구시대의 유물, 나아가 착취 계급을 대변하는 반동의 상징으로 철저히 부정했다. 그런데 20세기 말부터 중국은 다시 공자를 위대한 스승으로 떠받들기 시작했다. 중국이 세계의 중심으로 올라서고자 하는 이때, 전 세계에 중국의 언어와 문화를 교육하는 수백 개의 기관을 세우면서 그 이름을 공자학원이라고 붙인 것도 같은 맥락이다. 공자가 다시금 위대한 중화 문명의 상징으로 소환되고 있는 것이다.

사마천의 《사기》 역시 중화사상의 원류라고 할 만하다. 중원의 정통을 잇는 본기를 중심에 두고 여러 제후국들의 세가를 배치한 것부터가 세계를 중심과 주변으로 보는 관점이다. 그래도 제후국들은 교화와 조공이라는 형태로 중심의 영향권 안에 있는 셈이지만, 그 바깥의 이민족들은 회유하거나 정복해야 하는 대상으로 보았다. 사마천은 이들의 이야기를 세가가 아닌 열전에서 다루었다. 〈흉노열전(匈奴列傳)〉을 비롯해서 남월(南越), 동월(東越), 서남이(西南夷), 대원(大宛), 그리고 조선(朝鮮)의 열전이 그것이다. 이들 열전을 읽어보면 해당 나라의 왕이나 장수가 등장하기는 하지만 서술의 관점은 철저히 한나라 입장에서 그들을 어떻게 복속시킬 것인가에만 있다. 〈조선열전〉은 바로 한 무제가 고조선을 침략해서 멸망시킨 이야기이다. 그 나라에 살고 있던 이들의 삶에 대한 관심은 당연히 없다.

《사기》가 지닌 이러한 관점은 우리의 입장에서 불편한 문제가 아닐 수 없다. 하지만 지금 국가주의적 중화 의식의 부활을 우려하는 시각을 그대로 가지고 당시 사마천의 역사 서술 관점을 비난하는 것은 온당치 않다.

왜 고조선의 역사를 고조선의 입장에서 제대로 서술해 주지 않았느냐고 항변할 일도 아니다. 다만 사마천이 가진 한나라 중심, 나아가 중화 중심의 사고방식을 분명히 인식한 위에서, 비판적 거리를 두고《사기》를 읽어 나갈 필요가 있다.

편협한 중화주의자의 책이니 읽을 가치도 없다는 생각보다는, 오히려 바로 그 문제를 제대로 비판하기 위해서라도《사기》를 읽을 이유가 하나 더 생겼다고 여기는 편이 더 현명하지 않을까? 중화사상은 중국을 하나의 나라로 만들고 확장, 유지해 온 근간이고, 지금도 여전히 정치적 결속의 구심점으로 작용하고 있다. 조선시대처럼 우리가 그 조공 체계의 일원으로 들어가려 애쓸 필요는 당연히 없겠지만, 현대 중국을 깊이 이해하고 중국인의 DNA를 파악하기 위한 중요한 관건으로서 중화사상의 원류인《사기》를 읽는 것은 의미 있는 일이다.《사기》를 반드시《사기》의 관점으로 읽을 필요는 없다. 그 관점이 어떤지를 명확히 알고 우리의 관점으로 다시《사기》를 읽는 것이 중요하다고 생각한다.

중화사상은 그렇다 치더라도《사기》가 공자의 이념에만 충실하고 그것만을 구현하려 기획된 역사서라면 지금 우리가 다시 읽을 필요가 있을까? 실제로 사마천은 공자를 매우 존경했다. 전술한 것처럼 사마천은 공자를 세가에 포함시켰고 그의 제자들을 모아서 별도의 열전으로 편성하기도 했다. 사마천의 스승인 동중서(董仲舒)는 한나라가 유교를 통치이념으로 삼는 데에 큰 역할을 한 학자였다.

그런데《사기》를 읽어보면 공자에 대한 사마천의 존경이 과연 절대적인 것이었는지 다시 생각해 보게 만드는 내용들이 의외로 많다. 열전 70권 중 첫 권인 〈백이열전(伯夷列傳)〉은 우리가 잘 아는 백이와 숙제에 대한 전기이지만, 읽어보면 백이·숙제의 이야기는 몇 줄 나오지 않는다. 오히려 백이를 성인의 반열로 칭찬한 공자에게 반문을 던지는 것으로 시작한다. 공자는 백이가 원한을 품지 않았다고 했지만 백이가 남긴 시를 보면 원망하지 않았을 리가 없다는 문제 제기가 그것이다. 그러고 나서 매우 중대한 물음을 던진다.

> 백이·숙제나 공자의 제자인 안연처럼 훌륭한 사람은 고생만 하다가 굶어 죽고, 사람 고기를 회 쳐 먹는 악한인 도척은 하고 싶은 대로 살며 천수를 누리다니, 도대체 하늘의 도라는 것이 정말 존재하기는 하는 것인가? (〈백이열전〉)

참으로 어려운 문제다. 다만 이는 공자의 사상을 부정하기 위한 논리라기보다, 오히려 자신이 쓰고자 하는 열전이 공자의 뒤를 잇는 일이라는 점을 강조하기 위한 포석이다. 사마천은 "도가 다르면 함께 도모할 수 없다"라는 말을 인용하여 어떤 길을 갈 것인지는 각자의 뜻에 따라 선택하는 것일 뿐이라고 했다. 탐욕스럽게 천수를 누리고 부귀를 누리는 길을 택할 것인지, 거기에 초연하여 내가 옳다고 생각하는 길을 갈 것인지는 스스로 결정하는 것이라는 말이다.

사마천은 다시 공자의 말을 인용한다. "군자는 죽을 때까지 이름이 드러나지 않는 것을 가장 싫어한다." 부귀를 누리고 천수를 다하는 것은 바란다고 되는 일이 아니지만, 이름마저 남기지 못한다면 그것이야말로 억울한 일이라는 말이다. 문제는 훌륭한 사람이라고 해서 모두 다 그 이름을 남길 수 있는 것은 아니라는 데에 있다. 사마천은 이렇게 말한다. "백이와 숙제가 훌륭한 사람들이긴 했지만 공자가 있었기에 그 이름이 더욱 드러났다. 안연이 공부에 독실하긴 했지만 천리마의 꼬리에 붙음으로써 그 행실이 더욱 드러났다." 천리마는 바로 공자를 가리킨다. 결국 사라질 뻔했던 백이·숙제나 안연의 이름이 공자 덕분에 후세에까지 알려졌다는 것이다. 누가 알아주는지, 어디에 기록되는지가 중요하다. 직접 말하지는 않았지만 사마천 본인이 하려는 일이 바로 공자가 했던 일이라는 자부심과 사명감을 읽어낼 수 있다. 〈백이열전〉을 열전의 서문이라고 하는 이유가 여기에 있다.

하지만 공자의 역할을 내심 자임했다고 해서 사마천의 사상이 공자로 대표되는 전통적인 유교의 사상과 일치하는 것은 아니었다. 사마천이 전통적인 유교와 가장 큰 차이를 보이는 지점은 경제관이었다. 공자는 부유함 자체를 부정적으로 보지는 않았지만 그건 노력의 결과가 아니라 하늘에 달린 일이라고 여겼다. "재물이 적음을 걱정할 게 아니라 분배가 고르지 못함을 걱정해야 하며, 가난함을 걱정할 게 아니라 마음의 불안함을 걱정해야 한다"(《논어》〈계씨(季氏)〉). 주어진 여건 속에서 모두가 안정적인 삶을 누릴 수 있게 해야 백성의 믿음을 얻어서 정치를 할 수 있음을 강조하면서 기본적인 부국이 필요하다고 생각했지만, 그것은 교화를 위한 전제 조건이었다. 기본적으로는 이익을 추구하기보다 의리를 추구해야 한다는 것이 공자의 주된 가르침이었다.

그런데 사마천은 돈 잘 번 사람들의 이야기를 담은 〈화식열전(貨殖列傳)〉을 쓰고, 스스로 "벼슬하지 않은 일반인으로서 정치를 어지럽히거나 백성의 생계를 해치지 않으면서 시의적절한 거래를 통해 재산을 늘린 이들이 있다. 지혜로운 자라 하더라도 이들에게서 배울 점이 있기에 〈화식열전〉을 지었다"라고 그 취지를 밝혔다.

> 부유해지고자 하는 것은 인간의 본성이라서 배우지 않아도 다 부유함을 원한다. 가장 훌륭한 정치는 이러한 욕망을 자연스럽게 이루어 주는 것이다.

> 누구나 많이 버는 것을 기뻐해서, 부르지 않아도 일하러 오고 시키지 않아도 사고팔러 나온다. 이것이야말로 도에 부합하고 자연에 합치되는 일이 아니겠는가?

> 가난함과 부유함은 누가 주거나 빼앗는 것이 아니다. 본인의 능력이 뛰어나면 풍족해지고 서투르면 부족해질 뿐이다.

> 보통 사람들은 상대의 재산이 나보다 열 배 많으면 그를 비하한다. 그러나 백 배가 되면 그를 두려워하고, 천 배가 되면 그 밑에서 일을 하며, 만 배가 되면 그의 종노릇을 한다. 이게 세상 이치다. (〈화식열전〉)

공자를 이어받아서 "어찌 이익을 추구한단 말입니까? 오로지 인의만 있을 뿐입니다"라고 말한 맹자와 비교하면 그 차이가 더욱 극명해진다. 사마천은 "집안이 가난해서 가족이 먹고 입을 것도 없고 제사 지낼 형편도 못 되면서도 부끄러워할 줄 모른다면 대책 없는 사람이다. 그렇다고 은자로 지낼 만큼 대단한 행적이 있는 것도 아니면서 줄곧 가난하게 지내며 입으로 인의(仁義)나 말하기 좋아한다면 참으로 부끄러운 일이다"라고 직격탄을 날리기도 했다. 그러면서 태공망(太公望), 관중(管仲) 등 경제 정책에 능했던 정치인으로부터 범려(范蠡), 백규(白圭)를 비롯해서 다양한 직업으로 엄청난 돈을 번 20여 명의 재테크 달인들의 이야기를 나열했다.

《사기》를 유교의 범주로만 볼 수 없다는 것은, 열전에 등장하는 다양한 유형의 인물들, 그리고 그들을 다루는 사마천의 관점을 볼 때 더욱 뚜렷하게 알 수 있다. 높은 학식과 훌륭한 인품, 탁월한 행적을 갖춘 인물뿐 아니라 뭔가 결격 사유가 있거나 끝내 실패한 인물, 하찮은 신분이거나 특이한 기술이 있는 인물에도 애정을 보인다. 왕과 귀족, 장수, 학자뿐 아니라 책략가, 유세가, 코미디언, 협객, 자객 등 다채로운 인물들의 흥미진진한 이야기들이 담겨 있다.

열전은 70권이지만 한 권에 여러 인물을 다룬 경우도 있어서 전체 대상 인물은 훨씬 많은데, 그 가운데 어느 한 사람도 캐릭터가 겹치는 인물이 없다. 공통점이 있다면 각자 나름대로의 치열한 동기와 극적인 스토리를 지녔다는 점이다. 그들을 만나는 것만으로도《사기》를 읽어볼 만한 이유는 충분하다.

6 생동하는 역사, 그 너머의 아름다움

《사기》는 정말 역사서로서 허술할까? 그런데 《사기》가 역사서로서 허술해 보인다는 말은 사마천이 사실관계도 확인하지 않고 기록했다는 뜻이 아니다. 사마천은 당시 입수할 수 있는 서적들을 방대하게 섭렵하여 정리했을 뿐 아니라, 현장에 직접 가서 남아있는 흔적을 확인하고 현지인들의 이야기를 들어가며 사전 조사에 만전을 기울였다. 사실관계를 확인할 수 없거나 두 가지 중 어느 하나로 확정할 수 없는 사안의 경우, 서로 모순되더라도 두 가지를 모두 보여주는 방식으로 서술한 부분도 있다. 하지만 이 점이야말로 오히려 사마천이 얼마나 사실관계를 중요하게 생각했는지를 보여주는 방증이기도 하다.

그럼에도 불구하고 《사기》가 오늘의 관점에서 역사서다운 서술로 보이지 않는다면, 그 이유는 서술의 방식 때문일 것이다. 《사기》의 어떤 부분은 실제로 현장에 있지 않았다면 알 수 없었을 만큼 세부적으로 서술되어 있고, 정말 그랬을까 싶을 정도로 인물과 사건이 흥미진진하게 그려지기도 한다. 바로 그런 부분이 사실만을 객관적인 문체로 건조하게 서술하는 역사서와는 상당히 다르게 보인다.

실제로 《사기》의 상당히 많은 부분, 특히 후대에 사랑받아 온 대목일수록 사실만이 아니라 상상을 더하여 서술했다고 볼 수밖에 없는 면이 많다.

중국의 근대 학자 첸종슈(錢鐘書)는 이렇게 말했다. "옛 역사서의 기록은 대부분 팩션(faction)이다. 사마천은 마치 그 인물과 사건을 목격한 것처럼 기록하는 데 천재였다. 그 오랜 옛날에 사관들이 붓을 들고 대기했다가 매사를 빠짐없이 기록해서 후세에 전했고 사마천이 그 기록들을 토대로 작성한 것이라고 과연 주장할 수 있을까?" 오늘날의 역사서를 보는 관점 그대로 옛 역사서를 볼 수는 없다는 말이다.

> 항왕(항우)과 항백은 동쪽을 향해 앉고, 범증은 남쪽을 향해 앉았다. 패공(유방)은 북쪽을 향해 앉고, 장량은 서쪽을 향해 배석했다. 범증이 항왕에게 눈짓을 하며 차고 있던 옥을 세 차례 들어 보였지만 항왕은 말없이 아무 반응도 하지 않았다.
>
> 범증이 밖으로 나가서 항장을 불러 말했다.
>
> "군왕이 차마 하지 못하시는 것 같구나. 들어가서 축수를 올리고 나서 검무를 청하여 추다가 패공을 찔러 죽여라. 그렇지 못하면 앞으로 모두가 저 패공에게 당하고 말 것이다"
>
> 항장이 바로 들어가 축수를 올린 뒤에 말했다.
>
> "군왕과 패공이 함께 술을 드시는데 군중에 즐길 거리가 없군요. 제가 검무를 추겠습니다."
>
> 항왕이 허락하니 항장은 검을 뽑아 춤을 추었다. 그러자 항백 역시 검을 빼서 춤을 추며 계속 몸으로 패공을 방어하니 항장이 찌를 수가 없었다. (…) 번쾌가 들어가서 장막을 젖히고 서쪽을 향해 눈을 부릅뜨

고 서서 항왕을 노려보는데, 머리카락은 하늘로 곤두서고 눈꼬리는 찢어질 것 같았다. 항왕이 검을 짚고 무릎을 세워 앉으며 물었다.

"객은 누구인가?"

장량이 대답했다.

"패공의 참승 번쾌라는 자입니다."

항왕이 말했다.

"장사로다. 술을 내려라."

큰 잔으로 술이 나오자 번쾌는 고맙다고 절을 한 다음 일어나 선 채로 마셨다.

"돼지 다리를 주어라."

항왕이 말하자 바로 생돼지 다리가 나왔다. 번쾌가 방패를 땅에 엎어 돼지 다리를 올려놓고는 검으로 베어 먹었다. (〈항우본기〉)

홍문연(鴻門宴) 장면이다. 긴박한 상황이 마치 영화를 보듯 펼쳐진다. 첸종슈의 말처럼 마치 현장을 목격이라도 한 듯이 앉은 방향과 동선까지 세세하게 그려냈다. 각 인물의 캐릭터가 살아있고 말과 행동을 통한 심리 묘사 역시 실감 난다. 직접 보지 않고는 도저히 서술할 수 없을 디테일과 박진감이 살아있다. 물론 당시에 이미 전설처럼 떠돌던 이야기들을 사마천이 많이 가져왔을 것이다. 하지만 최종적으로는 사마천의 붓끝에서 인물과 이야기들이 놀라운 생동감을 얻게 된 것이다. 독자의 마음을 사로잡아서 등장인물과 자신을 동일시하게 만들거나 깊은 감동에 빠지게 하는 것은 다름 아닌 '문학'의 속성이다. 《사기》를 역사서로 볼 때 결점으로 지적 될 만한 부분들이 문학으로 본다면 가장 빛나는 지점이기도 한 셈이다.

더 나아가, 내용의 전달과 그로 인한 감동을 넘어서 무언가 잡힐 듯 잡히지 않는 여운이야말로 역사서와 달리 문학만이 지니는 특성이다. 조선의 문인 박지원(朴趾源, 1737-1805)은 어떤 사람에게 보낸 편지에서 이렇게 말했다.

> 그대는 《사기》를 읽었다고 했지만 아직 그 마음을 읽지는 못했군요. 왜 그런지 말씀드려 볼까요? 〈항우본기〉를 읽고서 해하성 위에서 전쟁을 구경하는 상상을 하고, 〈자객열전〉을 읽으면서 고점리가 서글프게 축을 연주하는 장면을 떠올린다고 하셨죠? 이건 늙은 서생들이 하는 진부한 말에 불과합니다. 부엌 바닥에서 숟가락 주웠다고 좋아하는 것과 뭐가 다르겠습니까?
>
> 아이가 나비 잡는 모습을 보면 사마천의 마음을 알 수 있습니다. 앞다리는 반쯤 구부리고 뒷다리는 비스듬히 발꿈치를 들어 올리고는 손가락을 집게 모양으로 내밀어 보지만 머뭇거리는 순간 나비는 그만 날아가 버립니다. 사방을 둘러보아도 아무도 없으니 배시시 웃다가 한편으론 창피해하거나 화를 내기도 하지요. 이것이 바로 사마천이 《사기》를 저술할 때의 마음입니다. (〈답경지(答京之)〉)

《사기》를 읽다 보면 역사서로서는 가지기 어려운 어떤 여백의 공간이 있음을 느끼게 된다. 예컨대 자객 형가가 연나라 태자 단과 약속하여 진시황을 죽이러 가기로 해 놓고 자꾸 시간을 지연하는 장면을 보면 뭔가 석연치 않은 구석이 있다. 연 태자가 하도 답답해서 어려서부터 살인을 저질러서 사람들을 겁먹게 하는 진무양이라는 용사를 먼저 보내려 하자 형가는 이상한 답변을 한다. "제가 지체하는 것은 누군가를 기다려 함께 가려는 것입니다. 지금 태자께서 시간을 끈다고 말씀하시니 어쩔 수 없군요. 그럼 하직하고 출발하겠습니다." 형가는 그 길로 뒤도 돌아보지 않고 출발한다.

정작 진시황의 위용 앞에선 벌벌 떠는 진무양을 물리치고 형가는 대담하게 진시황 면전까지 나아가서 비수를 휘둘렀다. 물론 우리가 아는 것처럼, 암살은 미수로 끝났고 형가가 처참하게 죽임을 당하고 마는 것으로 사건은 종결된다. 그런데 정작 앞뒤 이야기를 읽어봐도 형가가 기다린 것이 무엇인지는 모호하기만 하다.

사마천은 직접 보지도 않은 장면들을 마치 본 것처럼 매우 핍진하게 서술했지만, 그러면서도 그게 다라고 생각하지는 않았던 것 같다. 형가가 실패한 이유는 무엇이었을까? 기다리던 사람을 만나고 난 뒤에 출발했더라면 성공했을까? 알 수 없는 일이다. 사마천은 전해지는 이야기, 알려진 사실들 너머에 무언가 더 있을 수 있다는 여지를 주려 한 것이 아닐까?

과거뿐 아니라 현재의 우리 삶 역시 모든 게 선명하지는 않다. 고점리의 연주에 맞춰 비장한 노래를 부르고 길을 떠나는 장면부터 긴박한 활극 끝에 허무하게 쓰러져 난자당하는 장면까지, 사마천의 숨 막히는 서사에 흐르는 비극적이고 서정적인 아름다움만이, 그 모호한 여백을 채울 뿐이다. 생생한 장면 묘사로 독자를 빠져들게 만들고는, 그것만이 다가 아니라는 듯이 저만치서 뒷모습을 보이고 표표히 사라지는 역사서. 이미 오래전에 서술이 끝나버린 글을 읽는 게 아니라 마치 지금 살아서 움직이는 글을 읽는 듯한 느낌이 들기도 한다. 이 점이야말로 《사기》의 가장 큰 매력이며, 《사기》를 읽어볼 만한 독특한 이유이기도 하다.

7 논평으로서의 역사서, 《사기》 새로 읽기

《사기》의 모든 편에는 마지막에 "태사공왈(太史公曰)"이 나온다. 열전에만 나오는 게 아니고 본기와 세가, 심지어 표에도 "태사공왈"로 시작되는 논평을 실었다. 서술의 끝, 혹은 앞에 "나는 이렇게 생각한다"를 붙인 셈이다. 역사는 사실의 기록을 넘어서 그에 대한 서술자의 견해 혹은 논평을 포함해야 한다는 생각을 담은 것이다.

공자가 썼다고 전하는 《춘추》의 특징으로 대상에 대한 칭송과 비판, 즉 포폄(褒貶)을 들곤 한다. 하지만 《춘추》의 포폄은 서술자가 직접 자신의 견해를 밝히는 방식이 아니라, 호칭이나 용어 등에 대상에 대한 엄정한 가치 판단을 담는 방식이다. 그에 비해서 《사기》는 대상 인물에 대한 평가를 직접 진술하는 방식으로 《춘추》의 포폄 의식을 계승했다.

하지만 그 평가라는 것이 선과 악으로 명확히 양분되지는 않는다. 사마천은 대상에 따라 초점과 기준을 달리 잡아서 다양한 방식의 논평을 가했다.

> 태사공은 말한다. 지독한 원한은 사람에게 매우 큰 영향을 준다. 왕이라 해도 그 신하에게 원한을 사면 안 되거늘 하물며 동렬의 사람들 사이에 있어서랴! 오자서가 애초에 그 부친 오사를 따라 같이 죽었더라면 한낱 땅강아지나 개미와 무엇이 다르겠는가? 작은 의를 버리고 큰 치욕을 갚아서 그 이름이 후세에 전해지는 것이다. 슬프도다! 오자서가 장강가에서 곤궁하여 밥을 구걸할 때 어찌 잠시라도 초나라 도읍 영도를 잊었겠는가? 그렇기에 감정을 드러내지 않고 끝까지 인내하여 결국은 공명을 이룰 수 있었으니, 그와 같은 열혈 장부가 아니었다면 누가 이런 일을 이루어 낼 수 있었겠는가? (〈오자서열전(伍子胥列傳)〉)

오자서는 복수의 화신과도 같은 인물이다. 초나라 평왕이 간신에게 마음을 빼앗겨 오자서의 아버지인 오사를 잡아두고 두 아들을 불러들였는데, 형인 오상은 가봤자 죽게 될 것을 알면서도 갔지만 오자서는 뒷날을 기약하며 도망쳤다. 결국 아버지와 형은 목숨을 잃었고 오자서는 여러 곳을 떠돌며 절치부심한 끝에 오나라 장수가 되어 초나라를 함락시켰다. 그러고 나서 오자서는 죽은 평왕의 무덤을 파헤쳐서 시신을 꺼내 채찍질을 300번이나 하는 것으로 복수를 감행했다. 사실 오자서의 이러한 행동은 고국에 대한 배신, 지나친 잔인함 등으로 훗날 비판받기도 했다. 결국 그 자신도 나중에는 오나라 왕과 사이가 틀어져서 비참한 최후를 맞이했다.

그런데 사마천은 논평에서 오로지 치욕을 갚아 공명을 이룬 것만을 언급하며 오자서를 극찬했다. 아버지와 형의 복수를 하기 위한 집념을 이루기 위해 오랜 세월을 참고 또 참은 면을 높이 평가한 것이다. 이런 부분은 사마천 본인의 울분이 간접적으로 드러난 것으로 볼 여지가 다분하다. 하지만 사마천은 논평에서 보여준 관점만으로 열전 전체의 서술을 제한하지는 않았다. 오자서와 어린 시절부터 친구였던 신포서와의 대화 장면을 넣음으로써 오자서의 행동에 대한 이견이 있다는 점을 함께 보여주었다. 논평 내용 자체는 주관적으로 보일 수도 있지만, 한편으로 보면 쟁점을 선명하게 제시한 것이기도 하다.

> 상앙은 위나라를 떠나 진나라로 가서 자신의 통치술을 시행함으로써 효공을 강력하게 만들어 천하를 제패하게 하였다. 그 뒤로 진나라는 상앙의 법을 따르게 되었다. (〈태사공자서〉)

〈태사공자서〉에서 각 편의 취지를 설명하면서 사마천은 전국시대 진(秦)나라 상앙(商鞅)을 열전에 올린 이유를 이렇게 설명했다. 진나라가 다른 제후국들과 차원이 다른 국력을 지니게 된 것은 상앙이 강력한 법령과 통치술을 시행했기 때문이고, 결국 이러한 개혁에 힘입어서 100여 년 뒤 진시황의 통일이 가능했다는 평가이다. 그런데 정작 상앙의 열전 끝에 붙인 "태사공왈"에서는 매우 부정적인 비판으로 일관했다.

> 상앙은 천성이 각박한 사람이다. 그가 처음에 왕도정치를 가지고 효공을 떠 본 것은 겉으로만 그럴듯하게 말한 것이지 그의 본마음이 아니었다. 또한 왕이 총애하던 환관을 통하여 알현의 기회를 얻는 방법으로 중용된 뒤 공자건에게 형벌을 가한 일, 위나라 장수 공자앙을 기만한 일, 조량의 말을 듣지 않은 일 등에서도 상앙이 얼마나 인정머리 없는 인물인지 잘 드러난다. 나는 상앙이 쓴 글을 읽어 봤는데 그 내용이 자신의 행적과 유사하였다. 결국 진나라에서 악명을 얻게 된 것도 그럴 만한 이유가 있었던 것이다. (〈상군열전〉)

예외 없는 법 적용을 주장하며 진나라의 안정된 통치와 부국강병을 이루었지만, 상앙은 그 과정에서 남을 속이거나 무례하고 가혹하게 대한 일이 많았다. 원한에 찬 적을 많이 만든 상앙은 결국 자신이 만든 법령에 따라 수레로 사지를 찢어 죽이는 거열형을 받고 멸족에 처해지는 비참한 최후를 맞았다. 사마천은 완벽한 치안, 놀라운 경제 발전 등 상앙이 이룬 국가적인 공적을 매우 높이 평가했지만, 그와는 별개로 상앙 개인의 삶에 대해서는 일고의 동정도 보이지 않았다.

사마천의 이런 평가는 훗날 진시황을 도와 천하 통일을 이루었지만 2세 황제 때 조고(趙高)의 농간에 놀아나서 역시 비참한 최후를 맞이한 이사(李斯)에 대한 논평과 비교된다. 분서갱유의 주범으로서 이사를 혹독하게 비판하면서도, 사마천은 한편으로 이사가 최고의 지점에 오른 시점에 자신을 돌아보며 고뇌하는 모습을 인상적으로 그렸다. 허리를 잘라 죽이는 요참

형(腰斬刑)이라는 참혹한 형벌을 받는 상황에서 함께 죽게 된 아들을 보며 "내가 너와 함께 고향으로 돌아가 누렁이를 데리고 토끼 사냥이나 하려 했는데 이젠 그러지 못하게 되었구나"라고 말하는 서정적인 장면을 넣기도 했다. 〈이사열전〉의 "태사공왈" 역시 이사의 잘못에 대한 비판이 주된 논지이지만, 공적만으로 보자면 주공의 반열에 오를 수 있었을 것이라며 안타까워하는 언급도 함께 해두었다. 이처럼 어찌 보면 비슷한 궤적을 그린 인물에 대한 평가에서 사마천은 사건의 전말 뿐 아니라 인물의 특성과 심리에 이르기까지 매우 예리한 메스로 분석해 내서 입체적이고 독창적인 논평을 이끌어 냈다.

한자 문화권에서는 사론(史論)의 전통이 매우 강하다. 기전체의 역사서는 물론이고 《자치통감(資治通鑑)》 같은 편년체 역사서에서도 서술자의 논평은 빠지지 않는다. 《조선왕조실록》에도 간간이 "사신왈(史臣曰)"이 등장한다. 중요한 인물이 죽었을 때 들어가는 〈졸기(卒記)〉에는 고인의 업적만 적는 게 아니라 단점에 대한 논평까지 포함되었다.

사론은 당연히 고정되어 있지 않다. 사마천의 논평에 대한 반박 역시 지속적으로 제기되었다. 과거 시험에서도 특정한 역사적 사실에 대한 논평을 묻는 문제가 자주 출제되었다. 전근대 시기 한자 문화권의 지식인들은 과제(科題)와 습작을 통해서 역사에 대한 논평을 끊임없이 새로 쓰곤 했으며, 역사 논평으로서 후세에 전할 만한 뛰어난 작품들도 지속적으로 나왔다.

기존의 역사에 대한 새로운 해석은, 오늘을 읽고 내일을 준비하는 일이기도 하다. 《사기》의 각 편에 담긴 생생한 논평들이야말로 우리에게 자신만의 관점을 가지고 역사를 새롭게 해석하는 출발점이 될 수 있다. 사마천의 논평에 동의하지 못한다면 자신의 초점과 기준으로 새로운 논평을 써 볼 수 있을 것이다. 이 역시 오늘의 관점에서 《사기》를 읽어볼 만한 충분한 이유가 되지 않을까?

《사기》를 안 읽어도 될 여섯 가지 이유에서 출발해서, 《사기》를 읽을 만한 여섯 가지 이유를 함께 생각해 보았다. 52만 7천 자, 130권의 분량이 너무 많다고 생각할 수 있지만, 반드시 처음부터 끝까지 다 읽으려는 부담을 가질 필요는 없다. 순서에 상관없이 관심이 가는 부분부터 읽어도 좋다. 읽다 보면 어느새 인물과 인물, 사건과 사건들이 서로 연결되어 다가오는 맛을 느낄 수 있다. 한문으로 쓰여 있다는 점 때문에 부담스러울 수 있지만, 다양한 번역서가 출간되어 있고 인터넷 포털 사이트에서 원문과 번역문을 손쉽게 이용할 수도 있다.

다만 어떤 주제나 관심사에 따라 발췌해서 가공한 책보다는 일부라 하더라도 《사기》 원문을 그대로 번역한 책을 권한다. 그래야 사마천의 문장과 거기 담긴 마음을 직접 만날 수 있을 것이기 때문이다. 짧고 부족한 글이지만, 이 소개를 통해서 그동안 멀게 느껴졌던 《사기》가 한번 읽어볼 만한 책으로 가깝게 다가올 수 있기를 기대한다.

참고 문헌

- 김영수.《사마천과 사기에 대한 모든 것》1·2. 창해, 2016.
- 오키 야스시.《사기와 한서》. 김성배 옮김. 천지인, 2010.
- 이승수.《사마천의 마음으로 읽는 사기》. 돌베개, 2018.
- 이인호.《이인호 교수의 사기 이야기》. 천지인, 2007.
- 천퉁성.《사기의 탄생 그 3천년의 역사》. 장성철 옮김. 청계, 2004.
- 한자오치.《사기 교양 강의》. 이인호 옮김. 돌베개, 2009.

더 읽어보기

《사기》를 완역한 책으로 다음의 3종을 추천한다.

《사기》. 김원중 옮김. 전6권. 민음사, 2015.

《사기》. 신동준 옮김. 전6권. 위즈덤하우스, 2015.

《사기》. 정범진 외 옮김. 전7권. 까치, 1994–1996.

다음 책은 완역은 아니지만《사기》의 일부를 충실하게 보여준다.

《사마천 사기 56》. 소준섭 편역. 현대지성, 2016.

《사마천 사기—중국 고대사회의 형성》. 이성규 편역. 서울대학교출판부, 2007.

《사기본기—신화의 시대에서 인간의 역사로》. 이인호 새로 씀. 사회평론, 2004.

《사기열전(원문대역)》. 장세후 옮김. 전3권. 연암서가, 2017.

《사기세가(원문대역)》. 장세후 옮김. 전2권. 연암서가, 2023.

《사기》 및 그 배경에 대한 더 깊이 있는 이해를 돕는 책으로 다음을 추천한다.

공원국. 《춘추전국 이야기》. 전11권. 위즈덤하우스, 2010–2017.

오키 야스시. 《사기와 한서》. 김성배 옮김. 천지인, 2010.

이중톈. 《이중톈 중국사》 1–8. 김택규·한수희 옮김. 글항아리, 2013–2016.

다음의 영화에서 《사기》에 담긴 인물들을 만날 수 있다.

리엔쿵 감독. 리밍·류이페이·펑사오펑 주연. 〈초한지—천하대전(鴻門宴)〉. 2012.

장이머우 감독. 량차오웨이·리롄제·장만위 주연. 〈영웅, 천하의 시작(英雄)〉. 2003.

장즈량 감독. 류더화·안성기 주연. 〈묵공(墨攻)〉. 2007.

장츠어 감독. 왕위 주연. 〈대자객(大刺客)〉. 1967.

저우샤오웬 감독. 장원·거요우 주연. 〈제국(秦頌)〉. 1997.

천카이거 감독. 거요우·왕쉐치 주연. 〈천하영웅(趙氏孤兒)〉. 2013.

청샤오둥 감독. 장이머우·공리 주연. 〈진용(古今大戰秦俑情)〉. 1990.

네이버 지식백과에서 《사기》의 원문과 번역문을 볼 수 있다.

〈《사기》 130권 목록과 구성〉. 네이버 지식백과. https://terms.naver.com/entry.naver?docId=1979228&cid=62144&categoryId=62251.

필진

성창원 …… 고려대학교 철학과 교수. 고려대학교 철학과를 졸업하고 미국 하버드대학교 대학원 철학과에서 박사학위를 받았다. 현대 영미윤리학, 정치철학, 그리고 법철학을 가로지르는 주제에 관심을 두고 연구를 하고 있다. 역서로는《도덕의 차원들》(2012)이 있으며, 계약론적 윤리학, 개인적 관계의 가치, 그리고 약속을 지켜야 하는 의무의 정당화 등에 관한 다수의 논문을 발표하였다.

이찬 …… 고려대학교 철학과 교수. 미국 하와이대 철학과에서 주자의 덕 윤리에 관한 논문으로 박사학위를 받았다. 중국의 유가사상을 도덕심리학, 덕 윤리, 덕 인식론 등 윤리학적 관점으로 연구하고 있으며 유가사상을 중심으로 한 동아시아 사상사 및 지성사에 관심을 갖고 있다. 주요 논문으로 〈Causa Sui, the Supreme Polarity, and Moral Responsibility—How to Understand the Concept of a Person in Neo-Confucian Discourse〉(2022), 〈사상, 철학, 그리고 유학—송명유학에 접근하는 세 가지 경로〉(2021), 〈주희와 왕양명의 덕 윤리와 덕 인식론—시비지심과 양지를 중심으로〉(2021), 〈道德的 德性과 知的 德性—덕성 관점에서 四端을 이해하기 위한 惻隱-羞惡之心 분석〉(2019), 〈ZHU XI ON MORAL MOTIVATION—AN ALTERNATIVE CRITIQUE〉(2010) 등이 있다.

송효종 …… 고려대학교 사회학과 교수. 미국 남플로리다대학교에서 범죄학 박사학위를 받았고, 미국 텍사스주립대학교 리오그란데밸리캠퍼스에서 조교수로 재직했다. 현재 학교폭력 및 청소년 일탈 문제, 온라인 공간에서의 범죄와 코로나19 이후 범죄 양상의 변화 등에 관한 연구를 진행하고 있다. 국제학술지 *American Journal of Criminal Justice*, *Crime & Delinquency*, *Critical Criminology*, *International Journal of Offender Therapy and Comparative Criminology* 등에 연구논문을 발표했다.

윤인진 …… 고려대학교 사회학과 교수. 미국 시카고대학교 사회학과에서 국제이주, 자영업 및 사회이동, 인종관계에 관한 논문으로 박사학위를 받았다. 시카고대학교 공공정책대학원에서 박사 후 연구원과 캘리포니아대학교 산타바바라(UCSB) 아시안 아메리칸학과 조교수를 역임했다. 주요 연구와 교육 분야는 국제이주, 재외동포, 이민동포정책, 사회심리학이다. 주요 저서로는《On My Own—Korean Businesses and Race Relations》(1997),《코리안 디아스포라》(2004),《북한이주민》(2009),《동북아시아의 국제이주와 다문화주의》(2013),《디아스포라와 초국가주의의 이론과 실태》(편저, 2017),《재외동포 사회의 현황과 정책과제》(편저, 2018),《세계의 코리아타운과 한인 커뮤니티》(편저, 2019),《재외동포 차세대와 주류화》(편저, 2019),《Asian Journey—International Migration, Migrant Integration, and Multiculturalism in Northeast Asia》(2024) 등이 있다.

신은경 …… 고려대학교 사회학과 교수. 미국 컬럼비아대학 사회학과에서 일제 강점기 한국의 독립운동의 네트워크를 시계열적으로 분석하여 저항의 형태학에 관한 논문으로 박사학위를 받았다. 이후 컬럼비아 법대에서 연구 교수로, 테네시 주립대학에서 펠로우로 재직한 바 있다. 주로 사회 연결망 분석, 의료사회학, 건강 불평등, 관계 불평등, 인지 사회학 분야에 관심을 가지고 연구하고 있다. 초학제적 접근을 통해, 비전통적인 데이터 소스를 다양한 사회학적 조사에 적용하여 관계 네트워크와 사회적 조건이 사회 행동, 건강 결과 및 인간 발전에 어떤 영향을 미치는지에 대한 깊은 이해를 얻고자 한다. 방법론적으로는 사회 네트워크 분석, 통계, 지리 정보 시스템 및 기계 학습을 포함한 여러 분석 도구를 사용한다. 주요 연구 논문들은 *Nature Digital Medicine*, *JAMA Network*, *Journal of interpersonal violence*, *Scientific Report* 등 주요 학술지에 출간되었으며, 옥스퍼드대학에서 발간하는 *Handbook of Sociology of Machine learning*의 집필진으로 참여했다.

조재룡 …… 고려대학교 불어불문학과 교수. 성균관대학교를 졸업하고 프랑스 파리8대학에서 프랑스 현대시 연구로 박사학위를 받았다. 시학과 번역학, 프랑스와 한국 문학에 관한 다수의 논문과 평론을 집필하였으며 문학평론가, 번역가로 활동 중이다. 최근에는 한국 현대시의 리듬 이론을 연구하는 중이다. 지은 책으로는《앙리 메쇼닉과 현대비평》(2007),《번역의 유령들》(2011), 《시는 주사위 놀이를 하지 않는다》(2014), 《번역하는 문장들》(2016), 《한 줌의 시》(2017), 《의미의 자리》(2018), 《번역과 책의 처소들》(2018), 《시집》(2022) 등이 있으며, 역서로는 《시학 입문》(2005), 《앙리 메쇼닉, 리듬의 시학을 위하여》(2007), 《사랑예찬》(2010), 《잠자는 남자》(2013), 《사형을 언도받은 자/외줄타기 곡예사》(2015), 《알 수 없는 여인에게》(2017), 《떡갈나무와 개》(2020), 《문체 연습》(2020), 《유한과 무한》(2021), 《조건 없는 대학》(2021), 《그녀와 그》(2022), 《죽음의 병》(2022), 《어렴풋한 부티크》(2023), 《밤의 가스파르—렘브란트와 칼로 풍의 환상곡》(2023), 《작가들》(2024) 등이 있다. 2015년 시와사상문학상을 2018년 팔봉비평문학상을 수상하였다.

송혁기 …… 고려대학교 한문학과 교수. 조선시대 문학비평 및 산문 작품에 대한 연구에서 출발하여 한문 고전의 가치와 아름다움을 오늘의 언어로 풀어서 나누는 영역으로 글쓰기를 확장하고 있다. 저술뿐 아니라 신문 칼럼 연재와 강연 등을 통해 인문학의 사회적 확산에 기여하고자 한다. 현재 한국고전번역학회 회장이다. 주요 저서로 《조선후기 한문산문의 이론과 비평》(2006), 《나를 찾아가는 길—혜환 이용휴 산문선》(공저, 2014), 《농암집—조선의 학술과 문화를 평하다》(2016), 《고전의 시선》(2018), 《나만이 알아주는 나—조귀명 평전》(2021), 《Anthology of KOREAN Classical Prose》(공저, 2025) 등이 있다.

인문고전 세미나—5

사회적 실험과 도덕

초판 발행 1쇄 2025년 2월 28일

지은이 성창원 · 이찬 · 송효종 · 윤인진
신은경 · 조재룡 · 송혁기
펴낸곳 고려대학교출판문화원
www.kupress.com
kupress@korea.ac.kr
(02841) 서울특별시 성북구 안암로
Tel 02-3290-4230, 4232
Fax 02-923-6311
찍은곳 네오프린텍(주)

ISBN 979-11-6956-103-7 03800

값 15,000원
※ 잘못 만들어진 책은 바꿔 드립니다.